読み手に伝わる公用文

〈やさしい日本語〉の視点から

岩田一成
Iwata Kazunari

大修館書店

はじめに

国や自治体の職員さんへ

　プロ野球選手の前田健太投手（元広島カープ）は、「広島市から送ってくるお知らせは読まずに、箱に入れてしまっていた」とテレビでたびたび発言しています。なんでも怖かったからだとか。何が書いてあるかわからないというのです。「確かにそうだなあ」と共感してくださる方は、広報課か国際交流課に多いのではないでしょうか。私は日本語教師という立場で外国人支援に関わってきており、こういったお知らせの難解さはかねてから気になっていました。一生懸命日本語を読もうとしている外国の方にとって、全く歯が立たないものがたまにあります。こういうことを背景にして、外国人を対象とした「やさしい日本語」という発想が普及しつつありますが、自治体職員向けの「やさしい日本語」講座を開くと、「実は日本人も読めなくて困っている人が相談に来るんですよ」という意見を聞きます。冒頭の前田選手の例に見られるように、これは外国人だけの問題ではないのです。私自身、現在複数の自治体と協力しながら公用文の書き換えを行っており、実践家の視点で文書の難解さを分析してみようと思ったのが、この本執筆の動機です。

　本書で言う公用文とは、国や自治体が国民・市民向けに書いているお知らせだと考えてください（厳密には公的文書と呼ぶこともあります）。ちょっとかっこよく言うと、本書は政府や自治体関係者による情報伝達手段にメスを入れてみようという試みです。この本

ではヘンテコな日本語がじゃかじゃかと出てきます。ノリとしては昆虫採集の感覚で、いろんな公的機関のお知らせを収集しました。ただし、この本の趣旨は、国や自治体職員の日本語能力を批判しようとするものではありません。公用文が難解になるのは、さまざまな環境要因があって、その要因は社会が作っていると考えています。ちなみに、意味不明の日本語を書くと言われるもう一方の雄は大学の先生です。ですから大学教員の私にとって、公用文を難解にしたくなる書き手の気持ちは非常によくわかります。

　本書は、国や自治体の職員さんが「わかりにくい文書とはどういうものか」を実感できるように書きました（もちろん全ての公用文が難解であるなんて主張するつもりは全くありません）。まずは本書を見て「なんてヘンテコな日本語なんだ！」と体験してから、驚きと批判精神全開で笑い飛ばしていただけたらと思っております。そのうえで、ご自身の文書作成に生かしていただけたら幸いです。難解文書が難解であると判断できる能力、それこそがリテラシーであると思います。なんて、かっこつけるとやっぱりリテラシー（広義の読み書き能力）などと難解な単語を使ってしまいます。大学の先生ってのも困ったものですね。願わくばこの本の日本語は、皆様にとってわかりやすい日本語でありますように！

はじめに　　v

本書の見取り図

　第1章の導入に続いてポイントだけ把握したい方は、第2・4・8章をお読みください。本書は12章構成で広く公用文の特徴を論じていますが、長い文章（第2章）、間接的な説明（第4章）、法律文の借用（第8章）の3つを意識してもらうだけで、公用文はずいぶんわかりやすくなると思います。第11章と12章は、公用文に限らず情報提示の一般原則を示したものです。

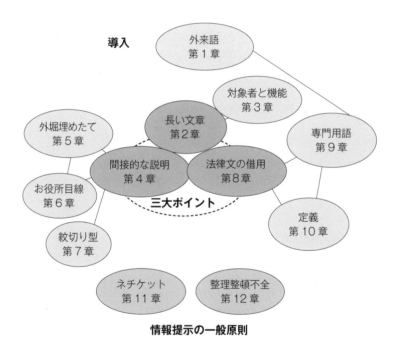

目　次

はじめに：国や自治体の職員さんへ　*iii*

第1章　外来語：ルー大柴じゃないんだから　*3*

外来語の氾濫／小泉政権と外来語／日本の国語政策の歴史と公用文／日本人と外来語（漢語も含む）／外来語問題とは何か／ここからが始まり

第2章　長い文章：そもそも読む気がしない　*17*

長文化する公用文／贅肉肥大型：余分な情報あり／無茶ぶり？／贅肉を削ぎ落とすには…／詳細叙述型：情報の細部まで提示／細部はこだわらない／提案は…

第3章　対象者と文章の機能：[誰に][何を]伝えたいの？　*31*

対象者を絞る／マスコミ向けの情報はまず分別／市民対象と一言で言ってもね…／文章の機能を再考する／文章の書き方①：タイトルと機能の一致／文章の書き方②：読者の関心を考慮する

第4章　間接的な説明：意図が伝わってこない　*49*

伝えたいことは何？／制度の複雑さと対人配慮／まわりくどい依頼／あいまいな依頼／提案は…

第5章　外堀埋めたて構造：核心は言わない　*61*

間接的情報から類推させることで核心に迫る／用語の定義に利用／パラグラフ構成における日本文化？／両方書いたらどうなるの？

第6章　お役所目線型：視点は市民側になっていますか？　*75*

お役所目線型で書かれている文章／合併症は芋づる式に／語彙調査：費

用負担に関わる言葉／ある制度から期待されるメリット・効果を説明するなら／ある制度のしくみを説明するなら／提案は…

第7章　紋切り型の表現：読み飛ばしてもオッケー　*85*

伝達情報があまりない／世にあふれる紋切り型表現／困っている外国人／道具的機能と装飾的機能／「遠足のお知らせ」分析／あいさつ文に要注意：紋切り型の発展形／情報はシンプルに

第8章　法律文の借用：硬いです　*101*

硬い文章との出会い／このタイプが多いジャンル／法律文の特徴：ポイントは名詞化／そもそも法律文は変わらないのか／法律文の効果：有無を言わさぬ説得力／提案は…

第9章　専門用語：用語への強いこだわり　*113*

公用文と専門用語／専門用語にもの申す／専門家ってやつは…／大学教員も専門家なのだ／ブランド品の所有と似ている!?／日本語教師による書き換え実験／実は今日的問題かも

第10章　定義：用語は効果的に示す　*127*

公用文における定義／その定義は必要？／定義の大原則／定義あるある①：法律や条例の利用／定義あるある②：細分類／提案は…

第11章　ネチケット：ウェブのしくみを考えて　*141*

相手がまず知りたいことは何なのか／困ったサイト／読者の知りたい（であろう）情報をまず提示／ラベルが下手くそ／サイトをまたがない！／サイトの階層を減らす：無駄なクリックは嫌／提案は…

第12章　整理整頓不全：見せ方を考えて　*157*

情報の提示順を考える：相手にとっての優先順位は？／カテゴリーのまとめ方を考える／図や表、イラストをうまく利用する／提案は…

コラム①　大学教員 vs 国・自治体の職員　*14*
コラム②　なぜ公用文は難解になるの？　*45*
コラム③　「伝達の文章」と「文学の文章」　*71*
コラム④　「やさしい日本語」考　*98*
コラム⑤　公用文改革の歴史を振り返る　*124*
コラム⑥　意味不明をありがたがっていませんか？　*153*

おわりに　*173*

読み手に伝わる公用文

〈やさしい日本語〉の視点から

第1章　外来語
ルー大柴じゃないんだから

外来語の氾濫

　ルー大柴さんはご存知でしょうか。「トゥギャザーしようぜ／藪からスティックじゃないか」などと、外来語まみれトークで一世を風靡した方です。お笑いのネタとしてやるならいいんですが、まじめな文章に外来語がたくさん出てくると読者は困ります。例えば経済産業省の『ベンチャー企業の経営危機データベース』にはこんな文章があります。

> インターネット黎明期の1996年に創業。日本で初めてISP向けにカード決済を利用した「RTSシステム」を開発して以来、電子商取引（EC）にフォーカスし、アプリケーションパッケージの開発、コンサルティングを行ってきた。特にECサイトのバックオフィスを支えるパッケージソフトの開発やライセンス事業、ソリューションに特化し高機能を実現。いわゆるデファクトスタンダードとして有力ECサイトに相次いで採用され、ECサイト立ち上げブームという追い風もあって急速に社業を拡大していった。

　どうですか？　音読してみるとなかなかおもしろいですよ。

教員A「昨日、お忙しかったんですか？」
教員B「学生の卒論指導のため、研究計画の立て方を説明してたんですよ」

なんて会話を以下のように変えると印象は変わりますね。

教員A「昨日、お忙しかったんですか？」
教員B「学生のコンサルティングのため、リサーチクエスチョンにフォーカスを当ててソリューションを提示してきたんですわ〜」

こんな先生どう？　絶対変ですよね（上のように文末を関西弁風にしておくと若干すわりがよくなる気もします）。しかしよく考えると大学は変なところだから、これに近い人はいるような気もします。

上記の文章の外来語だけを拾ってみましょう。

インターネット、ISP、カード、RTSシステム、EC、フォーカス、アプリケーションパッケージ、コンサルティング、サイト、バックオフィス、パッケージソフト、ライセンス、ソリューション、デファクトスタンダード、ブーム

こうやって並べてみるとわかりますが、外来語には非常に馴染み深いものと、ほとんど意味がわからないものが混在しています。「カード」なんかは私の4歳の娘でも理解できますが、「デファクトスタンダード」などというと、口をぽかーんとして固まってしまいます。外来語の氾濫などと言われるときには、主に後者の外来語を問題視しています。後者の多くは、外来語にしなくてもいいのにわざわざ使っているという点で、ルー大柴さんのネタと紙一重です。

小泉政権と外来語

　公用文や役人の言葉に外来語が多いことをかねてから問題視していたのは、小泉純一郎氏でした。彼が首相だった2002年に、「アウトソーシング」だの「バックオフィス」だのという説明をする官僚に対して、「(そんな言い方で)町内会の人たちはわかるのか!?」と批判したくだりは、ニュースで大きく取り上げられました。役人が外来語を多用して議論を煙に巻くのは勘弁してほしいという賛成意見もあれば、「町内会をバカにするな!」っていうやや的外れな批判もありました。小泉首相って、みんなが共感できそうな問題点をわかりやすい切り口で提示するのが上手な方だったのですが、これなんかもそのよい例ですね。当時、公用文のあり方や役人のスピーチが大きな関心を呼びました。

　この意向を受けて、国立国語研究所(以下、国研と呼ぶ)が動き出します。私たちが使っている外来語には「カード」「コーヒー」「パン」のような日常生活に溶け込んでいるものと、上記「アウトソーシング」「バックオフィス」のようにあまり普及していないものがあります。それらをごちゃごちゃにして外来語禁止なんてことをやってしまうと戦時中の日本のようになってしまいます。ちょっと話は逸れますが、戦時中の日本では敵国の言葉を禁止するとして、ストライクは「よし」、アウトは「ひけ」、タイムは「停止」、インフィールドフライは「内野飛球」と野球用語まで厳密に言い換えが求められました。極めつけは固有名詞です。当時活躍していたスタルヒン投手は「須田博」!!(けっこうゴロが合ってて素敵!などと言ってる場合じゃない、彼は敵国アメリカではないロシアの人でした)。もう何がなんだかわからないまま外来語は十把一絡げで禁止対象となっていたのです。

話は戻って国研です。国研は、日常的な外来語とあまり普及していない外来語の線引きを行い、書き換えが必要なものには書き換え案を出すということをしました。バックオフィスは「事務管理部門」、アウトソーシングは「外部委託」という具合に提案をします。自然言語であるところの日本語に、国研が介入して使用制限をかけようという取り組みですから、当然猛反対する人たちがおられたようです。国研のすることにはとりあえず異議を唱える人もいるような気がします（何を隠そう院生時代は私もその一味だったのだ、ハズカシナガラ）。

国研のすごいところは、継続的に調査を行ったところです。調査結果を順に新聞に公開したのですが、徹底的にデータを示し、書き換えが必要な語彙を提示しました。具体的には国民全体はその外来語をどれくらい知っているのか（認知率）、聞いたらわかるか（理解率）、自分も使っているか（使用率）を、国民全体／60歳以上に分けて示しました。最終結果は書籍『わかりやすく伝える外来語言い換え手引き』にまとめられています。そこから一例を示します。

〔表〕 外来語調査の結果（数値は［国民全体／60歳以上］で表示）

	バックオフィス	アウトソーシング
認知率　％	18.1　／　9.9	30.8　／　13.6
理解率　％	7.8　／　5.0	14.2　／　6.8
使用率　％	3.4　／　1.1	8.2　／　4.7
言い換え案	事務管理部門	外部委託

この調査姿勢が功を奏してか、今ではこの取り組みを真っ向から批判する人はあまり見なくなりました。「国民の1割も理解できない語彙ですよ！　そのまま使っていたらみんな困ります！」なんて

責められたらもう「ごめんなさい」って言うしかないですもんね。ただ、言い換え案の漢語（上の例で言うと「事務管理部門」、「外部委託」のこと）がそれでいいのかという議論は、今も散見します。国研の調査に連動する形で杉並区が『外来語・役所ことば言い換え帳』を出版しており、これがほぼ同時期に当たります。国研の調査結果にいち早く自治体が対応していることからも、その影響力がうかがえます。

日本の国語政策の歴史と公用文

これまでの国語政策の中心は文字の問題、つまり漢字の使用制限や仮名づかいでした。国語政策と漢字の問題は切っても切れない腐れ縁で、古くは江戸時代にまで遡ります。漢字をやめるかどうか、やめないなら何文字までは使ってもよいか、送り仮名の平仮名はどのようにするかなどなど、日本の国語政策は、文字の話ばっかりでした。

A　振り仮名は「行う」が正しいが「行なう」も許容する
B　announcer は er がついているので長音付きの「アナウンサー」だが slipper は「スリッパー」にならなくてもかまわない、もうみんな「スリッパ」に慣れているから

などなど日本語の表記はきちっと決めておきたいことがたくさんあるのです。Bのような長音の問題は簡単ではありません。内田百閒は作品の中で列車の「ボーイ」のことをずっと「ボイ」と書いており、私はいつも気になっていました。「ギョエテとは、おれのことかとゲーテいい」なんていう戯れ句があることからも固有名詞の表記も一筋縄ではいきません。文化庁が出している『新訂　公用文の

書き表し方の基準（資料集）』などを見るとその苦労の歴史がよくわかります。ガイドラインなのに、漢字や仮名の使い方ルールばかりです。

　1980年代から公用文に関する議論は始まっていたのですが、文章のわかりやすさの問題に全国的かつ本格的に踏み込んだのは2000年以降です（コラム⑤参照）。ですから、本書の問題意識「公用文のわかりにくさを分析する」なんていうことは、これから本格的に議論されていく問題だとも言えます。注目度は高いですよ。私が某自治体の職員向け研修を担当させていただくとき、参加希望者が定員を超えるなんてことが起こっています。ちなみに多民族国家アメリカでは、法律言葉'legalese'や官僚言葉'officialese'まみれの公用文は読みにくいから、使うべきではないという議論が1940年代にすでに提示され、1978年には大統領命令になっています（岩田2013）。ちなみに、われらが安倍首相の所信表明演説（第一次内閣のとき）は、歴代総理大臣の中ダントツで外来語が多いなんていう研究も出ています（東2007）。2位の橋本龍太郎氏の2倍以上使っています。所信表明から少し拾ってみます。

　チャレンジ　トップ・リーダー　イノベーション　子育てフレンドリー　グランドデザイン　カントリーアイデンティティ…

「カントリーアイデンティティってなんやねん！」と言いたくなりませんか？

日本人と外来語（漢語も含む）

　ここでさらに歴史を振り返ってみたいと思います。そもそも日本語にこれだけ大量の漢語があるという事実を考えてみましょう。漢

語はその名の通り中国の言葉です。メイドインチャイナですから、当然輸入品であり、広義の外来語であります。かつての公用文は漢文で書かれていました。当然、それを庶民は読めなかったわけです。つまり、「公用文は外国語で書いて、圧倒的多数の人は読めない」という状況を最大限活用して、日本の統治機構は維持されてきたことになります。外来語である漢語は専門用語を多数含みます。こう考えると、本章で扱う外来語や専門用語（第9章）の問題は根が深く、1000年以上も続いてきた日本の伝統文化と言っても過言ではないでしょう。

　外来語を上手に使うということは、いつの時代も役人に要求される能力だったようで、海音寺潮五郎氏は『悪人列伝　古代篇』で以下のようなエピソードを紹介しています。天皇家と藤原家のもめごとです。藤原某の役職を決めるとき、宇多天皇が学者に命じて勅旨を起草させました。その学者は当時の実質上の権力者である藤原氏に最大限の配慮をおこなって官名を決めました。それは「阿衡」という官名で、中国では首相というくらいの意味だそうですが、日本では見慣れないものだったとのこと。これを受けた藤原氏、よくわからない官位を与えられて意図を誤解し、へそをまげてしまいました。結果として、後始末が大変だったというのです。この話によると、1000年も前から日本では外来語の使用を巡ってトラブルがあったことになります。目新しさを出せると同時に相手をはぐらかす機能があり、外来語の使用は今も昔も諸刃の剣、利用には細心の注意が必要です。

外来語問題とは何か

　ここで改めて、外来語の氾濫は本当に公用文に及んでいるのかと

問い直してみたいと思います。外来語を批判する論調は大変元気で、書籍にも新聞にもよく見られます。文化庁が2010年に行った「国語に関する世論調査」では、「言葉や言葉の使い方に関して、困っている、気になっているのは、どんなことか」という質問がありました。回答者の39.1％の人が、「外来語・外国語の意味が分からないことがある」という答えでした（「流行語が分からない」に次いで2位でした）。日本語はカタカナを用いて外来語を表記するため、外来語が目立つというのもその一因でしょう。少し例をご覧ください。

S市では、市の基本的な計画等を策定する際にパブリックコメント手続を実施しています。（S市『パブリックコメント手続』）

コンプライアンス推進室では，次の事務を担当しています。
・コンプライアンスの推進に関する事務
・職員の服務監察及び業務監察に関する事務
・公益通報者保護法に関する事務
　（後略）　　　　　（K市『コンプライアンス推進室の所管事務』）

　パブリックコメントもコンプライアンスもすでに紹介した国研の『わかりやすく伝える外来語言い換え手引き』では言い換え対象の外来語です（言い換え案は「意見公募」と「法令順守」）。どちらも認知率・理解率が低く、パブリックコメント（25.4％・12.5％）、コンプライアンス（9.7％・5.7％）となっています。すでに言い換え対象となっているものでさえ、まだまだ根強く使われているということですね。ただ、「パブリックコメント」「コンプライアンス」という単語が出てきても、語彙レベルの問題なので、文章全体がわかりにくくなるとは限りません。しっかり定義（第10章参照）さ

えしてくれれば大きな問題にはなりません。むしろ伝わりにくさの原因はしかるべき定義をせず読み手の気持ちを汲んでいないところにあると言えるでしょう(コンプライアンス推進室が担当している事務は「コンプライアンスの推進に関する事務」っていう文はセンス悪いな〜、ほぼ反復しているだけ)。難解な公用文のパターンにはさまざまなものがありますが、それは本書の先の章へと読み進めていただければ少しずつわかっていきます。まとめますと、外来語の問題は、目立つために批判対象になりやすいのですが、それだけで決定的な難点になっているわけではないということです。

ここからが始まり

　私は子供が寝静まってからさまざまな自治体ホームページを見て、「なんやねん、この日本語は!」などとボヤいたり、「あ、変な日本語みーっけっ!(夜中だから声には出さない)」などと興奮したりしながら例文を収集するという公用文コレクターです(よくよく考えると変なオシゴトなのです)。その経験から申しますと、外来語の乱用は対象者別にある程度コントロールされていると言えます。上記例「パブリックコメント」「コンプライアンス」のように、文章の中に単独で現れるものは定義をしっかりすれば大丈夫なのです。本章冒頭の外来語まみれの変な文章は『ベンチャー企業の経営危機データベース』ですから、国民一般が見るものではなく、暇な大学の先生(注:「暇な」は「大学」ではなく「先生」を修飾します、つまり私のこと)とか一部の企業家が見るくらいのマイナーなものです。もちろんこういったマイナー文書も情報公開する以上わかりやすく書いておいたほうがいいに決まっているんですが、一般市民が読めなくて困るという類でもありません。

小泉首相が指摘して始まった外来語問題の功績は、役人の発言や公用文がわかりにくいということを批判してもいいんだっていうムードの普及です。「あ、わかりにくい物言いには文句を言ってもいいんだ」と思った人は多いのではないでしょうか。2013年に名古屋地裁で起こった訴訟はその典型です。NHKの番組に外来語が多用されている現状に対し、岐阜県在住の男性が精神的苦痛を理由に慰謝料を求めて提訴したというものです（翌年に請求は棄却されています）。今、私たちは大きな時代の転換点にいるような気がします。本書では以後、文章のわかりにくさという観点で、難解な公用文を分析していきたいと思います。

　さあ皆さん、ミステリアスでキュリアスな公用文ワールドにレッツゴー！

　トゥギャザーしようぜ！

＊第1章のテーマをもっと掘り下げて議論している箇所が石黒圭氏の『よくわかる文章表現の技術Ⅲ』にあります。おすすめです。

参考文献

東照二（2007）『言語学者が政治家を丸裸にする』文藝春秋

石黒圭（2005）『よくわかる文章表現の技術Ⅲ　文法編』明治書院

岩田一成（2013）「「やさしい日本語」の歴史」庵功雄・イヨンスク・森篤嗣編『「やさしい日本語」は何を目指すか　多文化共生社会を実現するために』ココ出版 pp.15-30

国立国語研究所「外来語」委員会編（2006）『わかりやすく伝える外来語言い換え手引き』ぎょうせい

杉並区役所区長室総務課（2005）『外来語・役所ことば言い換え帳』ぎょうせい

文化庁編（2011）『新訂　公用文の書き表し方の基準（資料集）』第一法規

> **頭のストレッチ**
>
> 以下の文章を読みながら、一般市民にとってわかりにくいと思われる外来語を指摘して、別の言葉に言い換えられないか考えましょう。
>
> ### A会社
>
> 現代表を含むJ研究所のバイオ研究チームでスピンアウトし、平成12年に当社を設立した。ベンチャーキャピタルや証券会社からの強い勧めもあり、米国製薬メーカー、国内中堅製薬メーカーとの共同プロジェクトも行った。クライアントからの製品化の提案を受けて開発したが、実際に営業活動を進めてみると、ニーズなど存在せず商品化できないことが判明した。海外アウトソーシング先との国民性や商習慣の相違から製品の故障が頻発し、営業販売にも支障を来たした。マーケット面でユーザーニーズの転換への対応も遅れたため、平成22年度倒産。
>
> ### B会社
>
> 国内企業による従業員をフォローするサービスがほとんどないことや、米国の業界の概要を知って起業。独自のノウハウを構築するために社長の一存でM&Aを積極的に展開。リスク回避の目的もあったが、IT不況が吹き荒れるなか思うような結果は得られず、グループ企業への投資をストップするタイミングを失い、経営は悪化。現在、新テクノロジーの研究・開発に取り組んでいる。
>
> (経済産業省の『ベンチャー企業の経営危機データベース』にある複数の実例を筆者がつなげて作成)

コラム① 大学教員 vs 国・自治体の職員

外来語を例に

　第1章では公用文の外来語を偉そうに批判がましく論じてしまいましたが、大学の先生だって外来語を好む集団の一つです。私もすぐにリテラシーだの、コストだの言いたくなってしまいます。『ダーリンは外国人』の中で小栗左多里氏は、日本語の中に外来語をちりばめるのは嫌だと指摘しつつ、「文化人、政治家、学者」と書かれたイラストに以下のセリフをしゃべらせています。

> 「はっきりしたレゾンテートルがある以上、パラダイムシフトは当分いらない」
> 「激しいポレミークはさておき、まずエトスをみつけなければ」

　「そんな言い方しないよ～」と言いたいところですが、世間一般の学者イメージを上手に反映していると思います。公用文からなかなか外来語が消えないのと同様、大学の先生も好んで外来語を使っているのですね。

大学教員は文章がうまいのか下手なのか

　ここで少し大学教員の文章について考えてみましょう。日本には、谷崎潤一郎から始まる「文章読本」というジャンルがあり、ここからはたびたびベストセラーを出してきました。要は上手な文章の書き方を教えてくれる本です。この「文章読本」ジャンル、興味深いことに、小説家、大学教員、ジャーナリスト（新聞記者中心）が、三つ巴で互いを意識しながらヒット作を量産してきているのです（斎藤2007）。つまり、ここで大学教員とは、文章の達人ポジションであり、庶民へ

と訓示をたれている存在なのです。確かに、大学教員にはベストセラーをぽんぽん出すようなツワモノがたくさんおられます。

　一方、認知心理学の分野で文章研究を行っている海保博之氏は、四大悪ドキュメントとして「機械のマニュアル　裁判の判決文　官庁文書　学者の文章」を挙げておられます（『くたばれ、マニュアル！』）。また、江國滋氏はひどい悪文を書く職業人として「一に裁判官、二に学者、三に新聞記者」と指摘しています（『日本語八ツ当り』）。つまり大学教員は文章が下手くその代表格でもあるわけです。映画にもなったベストセラー小説『舟を編む』にも中世文学が専門のとある教授が出てきて、文章能力の低さを遺憾なく発揮してくれます。客観的に記述をすべき辞書の文章に、主観を入れまくってめちゃめちゃにするという場面は、非常に印象的です（しかも彼は愛人がいる、あの浮気設定は余計じゃなかろうか）。あの場面、大学教員の文章を上手に分析されており脱帽です。きっと実話なんだろうなあ…。

大学教員が書く文章と公用文

　ここまで見たように、大学教員の文章力は、高い人もいれば低い人もいるという自由市場になっております。簡単に言うと「恐ろしくうまい人もいるけど、びっくりするくらい下手な人もいる」ということです。実は、外来語の例を見てもわかるように、公用文と大学教員の文章は類似点が多いのです。本書はテーマ的にも、公用文の悪い例を中心に取り上げて議論を進めておりますが、実は上手な公用文もたくさんあります。渋谷区のウェブサイトなんて揚げ足の取りようがないくらい上手にまとめてあります。つまり公用文も上手なものからひどいものまで幅があるんですね。大学教員も国・自治体職員さんも文書を書くことを仕事の一つとしながら、その成果にはばらつきがあるということになります。両者の共通点は何なのでしょうか？

自戒を込めて簡潔に申します。

「両者ともに下手な文章を書いたところで給料が下がることはない」

これが悪文生産につながっているんじゃないかなあ（大きい声では言えないけど）。

参考文献
江國滋（1993）『日本語八ツ当り』新潮文庫
海保博之（2002）『くたばれ、マニュアル！』新曜社
斎藤美奈子（2007）『文章読本さん江』ちくま文庫

第2章　長い文章
そもそも読む気がしない

長文化する公用文

　公用文の中には、とても長いものがあります。長すぎるため、ここに全文を引用することができませんが、冊子になって置いてある（ウェブ上ではPDFファイル）ようなものを想像してください。本章での結論を先取りして言うと、伝えたい情報は「A4換算で1ページ以内に抑えましょう」ということになります。その具体的な方法をこれから論じていきます。ただ、A4と言っても、余白を狭めて文字をギューッと詰め込んではいけません。書籍の版面率（文字が書かれている面が占める割合）は65％程度が目安です（海保2002）。ちなみに本書は60％です。

　長いものには二つ種類があるように思います。一つは、不要なものがたくさんついているタイプで、贅肉肥大型としておきます。もう一つは、詳細な情報をすべて伝えようとするもので、詳細叙述型としましょう。どちらも長いという点は共通しているのですが、短くする場合には、その方法が少し違うように思います。以下、贅肉肥大型から順に見ていきましょう。

贅肉肥大型：余分な情報あり

　ここでは、今手元にある大作公用文を解説していきたいと思いま

す。一つ目はＹ市の『熱中症（熱射病、日射病）を予防しましょう』というもので、A4に換算すると５ページにわたる長編注意喚起文です。全部引用するとそれだけで終わってしまうので、引用はあきらめ内容を紹介します。ちょっと実況中継風に書きますので、テンションを上げて読んでください。

　カーン！　ゴングがなりました。まず熱中症の定義から始まります。最初は「「熱中症」の「熱中」とは、物事に熱中することではなく、…。」なんていう余計な情報から入ってきました。そのままの勢いでつらつらと定義を述べてます。続いて、熱中症の医学的下位分類である熱痙攣、熱疲労、熱射病それぞれの定義が延々と続きます。なんと、これらの定義だけですでに１ページ半になってしまいました。一体これからどうなるのでしょうか。

　ここから本題かと思われる、熱中症予防のための方策が始まります。ナンバリングをして箇条書きなのですが、それぞれが長い長い、しかも項目が７番目まであり、対策が終わったときにはすでに３ページ目に突入しております。

　対策の次は、熱中症発生件数の提示が始まります。なんと平成19年から、１年ごとに長い説明が付加されています。平成20、21、22と同じパターンの文章が続きますが、それぞれが長い長い。この解説を読み進んでいくと、もう４ページ目の終わりに差し掛かっております。簡潔なグラフで書けば数行で終わる話を、延々と２ページに渡って記述していることになります。最後に関連サイトや参考文献を紹介したときにはもう５ページ目に突入しております。ここでゴングが鳴って終了〜〜〜〜。

　まあ、細かい突っ込みどころはいろいろあるのですが、長くなる公用文は当然無駄が多いです。特に注意喚起の長文お知らせはどう

も無駄が多くなる気がします。この熱中症予防の公用文、熱中症の定義だけで1ページを超えているなんて想像力の欠如も甚だしいです。当然ですが、大事なのは予防方法を提示することだと思うのですが、予防方法も非常に贅肉質（こんな言葉があるのかは知らないけど）です。1番目だけ下に引用します。

・熱中症の予防のためには…
1. 熱中症の発生は、日本では日差しが強く気温も高い7月、8月に多いです。日差しが強く気温も高いときの戸外での活動には、特に注意が必要です。1日の内では、午後2時から5時の間の発生が多いです。この時間帯には、気温も高く、それまでの炎天下の活動で脱水が進み疲労も蓄積しているためと思われます。日差しが強く気温も高いときは、戸外での活動はできるだけ控えましょう。戸外での活動は、日差しが弱く気温も低くなる朝・夕にしましょう。たとえば、一日の中でもっとも気温が低い午前4時から午前7時までに限りましょう。戸外では、帽子や日傘・パラソル等を使い影の中にできるだけ留まることで直射日光を浴びないようにしましょう。

    戸外で炎天下で活動するときには、直射日光を受けない涼しい場所を準備して、ときどきそこで休憩するようにしましょう。直射日光を避けることは、紫外線の浴びすぎによる健康への悪影響の予防のためにも役立ちます。当・Y市衛生研究所ホームページ「*紫外線と皮膚・眼について*」もご参照ください。

　　　　　　　（Y市『熱中症（熱射病、日射病）を予防しましょう』）

　箇条書きのルールは「一項目は一文（一行）におさめる」ことが

原則です（岸編著2008）。しかも、これは予防法の1番目だけです。この調子が7番目まで続くことを想像しながら読んでくださいね。話すときこういう感じになる人は、世の中にたくさんおられますが、文字化してこの感じはかなりげんなりしてしまいます。とにかく贅肉が多いことをここで確認してください。

　もう一つ紹介しましょう。Y市の『帰宅困難者対策について』というA4換算で4ページの大作ものです。もう実況中継は疲れたので、図示します。

1ページ目
一斉帰宅抑制の基本方針、帰宅困難者のための施設
↑マスコミを意識した市のアピール（「うちは防災意識が高いです！」という鼻息が聞こえる）

2ページ目
一時滞在施設利用時の注意事項
↑震災後帰宅困難になり滞在施設を利用する人が対象
物資の備蓄状況（備蓄庫を整備など）、帰宅困難者支援
↑またもやマスコミを想定した文章（3ページ目冒頭まで続く）

3ページ目
市民が日頃から地震に備えて準備をすべきこと
↑ここで平常時の一般市民向けメッセージ開始
企業が地震の前に備えてほしいこと
↑想定読者は企業に（4ページ目まで続く）

4ページ目
地震にあった時の対応方法
↑想定読者は被災した時の市民

『帰宅困難者対策について』が長くなるのは、その想定読者がコロコロ変わることに原因があります(この問題は第3章で詳しく取り上げます)。「マスコミ→被災後の施設にいる人→マスコミ→平常時の市民→平常時の企業→被災時の市民」という状況です。「一時滞在施設利用時の注意事項」(2ページ目)のところで、「施設の利用にあたっては、施設管理者の指示に従って、適正な利用を心掛けください。」とか「一時滞在施設での滞在は、翌朝までとなります。」なんていう項目を読みながら、みんな思っているはずです。

「そんなこと、一時滞在施設に貼っておいてくれ!」

平常時に細かい緊急対応ルールを言われても困ります。「一時滞在施設では、水道及びトイレの提供が受けられます、被災状況によってはできない場合もあります。」などというご丁寧な説明もありますが、「そらそうでしょうよ!」と言いたくなる内容です。施設にはふつう水道やトイレがあるでしょう、しかし近場の貯水施設が壊れたら水が使えるわけがありません。この手のメッセージは、やりだすときりがありません。

妻「今夜は何作ってくれるの?」
夫「カレーにするわ。ただし、肉屋が休んでいたり、スーパーが
　ストライキをしていたらカレーを作れない場合もあるよ」

会話にすると、この奇妙さが伝わるのではないでしょうか。長いお知らせは、このような贅肉がたくさんついているのです。

無茶ぶり?

ここまで見たように、注意喚起文が長文になるのはたくさんの理

由がありえます。とにかくいろいろな贅肉がついて肥大化しているわけですから。上記のように想定読者がコロコロ変わること、定義がうまくできていないことなどの原因は、後の章でまた詳しく見るとして、ここでは1点だけ指摘します。それは「無茶ぶり」です。例えば『食肉を原因とする食中毒の予防について』（このN市のお知らせは長文ではなく短いものですが）は4つの項目からなっていて、その4点目に、「レバ刺し、とり刺しは食べない・提供しない。」とあります。「それをいっちゃあ、おしめーよ」と言いたくなりませんか。予防のためには有効なんでしょうけど、なんか腑に落ちません。この手の禁止事項って何でも書けばいいというものではないと思うのです。例えば「水難事故を減らすにはどうしたらいいか？」という問題意識に対して、「泳ぐのをやめればいい」と言っているようなものです。「夫婦喧嘩をなくすには？」に対して、「結婚なんかしなければいい」とかいうのもあるけど、もう例えはやめときますね…。

　長文公用文にもこの手の無茶ぶりが目に付きます。注意喚起の公用文は、読者に何か働きかけをするわけですから、その働きかけが実行可能かどうかという点を考えるべきです。上記『熱中症（熱射病、日射病）を予防しましょう』から熱中症対策を少しピックアップしてみました。

- 戸外での活動は、…一日の中でもっとも気温が低い午前4時から午前7時までに限りましょう。
- 熱痙攣の予防のためにも、お茶や水などに0.1-0.2％程度の食塩（塩化ナトリウム）を溶かしてよく飲むようにしましょう。
- 首まわりについては、通気のために、なるべくゆるめましょう。

外での活動は朝7時までとか、お茶にはいちいち塩を入れろとか、

ネクタイはするなとか、この文章を書いた人は守っているのでしょうか。実行不可能な注意事項をつらつら並べ立てるのは無茶ぶりだと思います。

『帰宅困難者対策について』にも無茶ぶりが見られます。以下は平常時に準備すべきこととして挙げられています。

- 外出時には地図、携帯ラジオ、携帯電話の充電器などを持ち歩きましょう。
- 職場などに歩きやすいスニーカーや懐中電灯、手袋、飲料水などを用意しておきましょう。
- 混乱を避け、翌日以降に帰宅できるよう、職場に泊まれる準備をしておきましょう。

職場に自分のスペースがあり、スニーカーや飲料水を保管できる人なんて、いったいどれくらい存在しているのでしょうか。私は自治体職員さんの研修で、こういった項目を実践しているのかどうか聞いてみたことがあります。

「この中で、防災のために毎日地図と携帯ラジオを持ち歩いている人っておられますか？　もしおられたら手を挙げてください」

と聞いたら、手を挙げた人はゼロでした。公務員が市民の模範としてできないことを要求するのは、やはり無茶ぶりでしょうね。こういう項目はやめるべきです。

贅肉を削ぎ落とすには…

贅肉肥大型について解決策を提示します。まず、無茶ぶりは論外です。執筆者はちょっと立ち止まって考えてください。「自分が実

践している（できる）かどうか」考えるだけですから、基準は明白です。そして市民だけにターゲットを絞りましょう（詳しくは第3章で述べます）。誰に向かって文章を書くのか、決めておくだけで贅肉はごっそりと落ちます。ここでは注意喚起文のスリム化について述べます。何か注意喚起をしようと思うなら、その背景となる現状を述べます（内在性）。次はその現状から起こりうる問題点の大きさを説明します（インパクト）。そして、こちらの注意喚起（提案）を聞けば、問題点は解決できることを説明しましょう（解決可能性）。この4点をバランスよく提示するだけでいいのです。

　熱中症の話題で考えます。内在性は「毎年、熱中症が起こっています」ということ。例えば日本で流行していないエボラ出血熱などは、わざわざ注意喚起する必要はありません。続いてインパクト、「熱中症は死に至ることがあります」という点に尽きます。内在性として日本に起こっている問題はたくさんありますが、インパクトがないなら注意喚起は不要です。例えば、「蚊に刺されるとかゆくなります」なんてのは、インパクトがあまりないので、自治体が注意喚起をわざわざ書く必要はありません。そこで「水分をこまめにとりましょう」という提案をするとします。解決可能性としては水分をとることで熱中症の何割が防げるのかという実験データなどがあれば最高です。この解決可能性は、あまりに当然の場合はなくてもかまいません。まあ水分をとれば熱中症は防げるよね～ってみんなが知っている程度の知識ですから、なくてもかまわないのです。

　まとめますと、内在性、インパクト、提案、解決可能性、この4つが簡潔に書かれていたら、注意喚起は十分説得力を持ちます。そして1ページで十分収まるはずです。なお、上記の通り解決可能性は状況によっては不要で、提案までで注意喚起の骨組みは十分完成することもあります。

熱中症	
毎年○○市では7〜8月に熱中症にかかる人が○名以上います	内在性
熱中症は死に至ります	インパクト
水分をこまめにとりましょう	提案
水分をこまめにとれば熱中症の○%が防げます	解決可能性

詳細叙述型：情報の細部まで提示

　ここまでは長編公用文には無駄な部分があるという前提で話を進めてきました。ところが、伝達しなければならない情報が多くて、細部を全部伝えようとするとどうしても量がかさんでしまうというタイプもあります。詳細叙述型と呼びましょう。典型例がゴミの出し方です。手元にあるのは、ある自治体の31ページからなるパンフレットです。ゴミ問題というのは近所トラブルの原因にもなりますし、資源ごみをうまく再利用すればコストも抑えられるため、自治体は気合いを入れてルールの徹底を図っているのです。ただ、こんな厚いパンフレットになるとじっくり読むのは大変な苦労です。ゴミのカテゴリーがわかるようになっている五十音順の索引（31ページ中の13ページ分）は辞書のように引けばいいのですが、そうじゃない解説部分が18ページあります。なぜこんなに厚くなるのでしょうか。ゴミの出し方ルールには、燃やすもの、プラスチック、カン・ビン・ペットボトルといった日常的に排出されるゴミと、乾電池、蛍光灯、衣類などのたまにしか出さないものがあります。これらを同じ扱いで説明していると、どんどん長くなってしまいます。このパンフレットには「動物の死骸、消火器、バイク、タイヤ、

バッテリー」など、細かいルールが詳細に載っています。これらが不要であるというつもりはありません。ただ、情報伝達の方法としては、どこかで線を引いて高頻度で出現するものをまず提示するほうがわかりやすいのではないでしょうか。燃やすゴミとプラスチックを中心にまとめればいいのであって、動物の死骸情報は別紙でもよいのです（実際に多くの自治体では基本情報だけをまとめたポスター形式になっています）。

細部はこだわらない

　詳細叙述型は、大きなお知らせ類だけに見られるものではなく、小さな部位にも存在します。ここではわかりやすいように、比較的小さいサイズの文章を紹介しながら、詳細叙述型とはどういうものか考えていただきます。以下の文章は、保育料の額を説明しています。説明が細かいと思いませんか？　どうでしょう。

> 月の初日以外の日に入園し、又は月の末日以外の日に退園した乳幼児の入園月又は退園月の保育料の額は、日割りした額となります。ただし①月の初日が休園日の月に、その月の休園日でない最初の日に入園するとき、又は②月の末日が休園日の月に、その月の休園日でない最後の日に退園するときなどは、日割り計算はしません。　　　　　　　　　　　（H市『保育園のご案内』）

　簡単に大枠を言ってしまえば、「月の途中から入った人や月の途中で出た人は、日割りで保育料をいただきます」ってことです。月の頭が休園日にあたったらどうしよう、とかそういう細かい質問は個別に対応すればいいと思います。こう考えると、2行目の「ただ

し〜」以降はカットしてしまってもいいということになります。コラム①でも紹介した海保博之氏は、「説明の詳しさ×説明のわかりやすさ＝一定」の法則を提案しておられます（『こうすればわかりやすい表現になる』）。詳しく書こうとすればするほど、わかりやすさが減っていくということを肝に銘じておきましょう。

　もう一つ例を挙げます。以下の文章は、「遺族基礎年金」について述べたものです。詳細叙述型は多かれ少なかれ法律文の影響を受けているのですが、この文章は、その影響がかなり強い気がします。保育園のご案内よりもさらに難解に見えます（法律文の借用については第8章で詳しく論じます）。それはそれは難解ですよ〜。

国民年金に加入している人や保険料を納めた期間と免除された期間を合わせて25年以上ある人が亡くなったとき、その人によって生計を維持されていた子のある配偶者または子が受けられます（子は、18歳に到達する年度の末日までの子または、20歳未満で1級2級の障がい状態の子に限られます）。
ただし、老齢基礎年金の受給資格のない方がなくなったときは、死亡日の前々月より前の被保険者期間において、保険料を納めなかった期間が3分の1をこえないことが必要です。（平成38年3月までは、死亡日の前々月までの1年間に保険料の滞納がなければよいことになっています）

（N市『遺族基礎年金』）

　この文章、相当手ごわいですね。私は理解するのにとても時間がかかりました。さんざん調べ物もしました。結局、「遺族基礎年金」とは、「国民年金加入者が亡くなったときに遺族がもらえる年金です（子供さんが小さいとき限定）」これが大枠じゃないでしょうか。

ただし、加入期間が短い人や、若くして亡くなった人の場合細かいルールがあるわけです。その詳細な情報をこまごまと書いているからややこしくなり、そのうえに法律文を切り貼りしたりするもんだから文章は散らかり放題になります。まずは大枠を伝える、これが詳細叙述型の解決策となります。

遺族基礎年金

国民年金に加入している人が亡くなったときに遺族がもらえる年金です

条件（原則として両方を満たすこと）
・亡くなった人が25年以上（免除期間を含めて）保険料を払っていること
・遺族に18歳までの子供がいること（障がい状態の場合は20歳まで）

＊若くして亡くなられた場合など保険料を納めた期間が短いときはご相談ください。
　電話　〇〇-〇〇〇〇

　余談ですがこの文章、「子は、18歳に到達する年度の末日までの子または、20歳未満で1級2級の障がい状態の子に限られます」の'子'が、前文脈のどの'子'を指すのかとてもあいまいです。言語学的には前方照応と言われる問題なんですが、おそらく答えは、両方の'子'を指しているんでしょうね。この法律自体をちゃんと勉強しないと照応先がわからないという非常に興味深い現象です。っていうか法律を理解しないと照応先がわからないなんて、文法現象としてはもはや破たんしているということです。

ここで見てきた、詳細情報を丁寧に提示されすぎて困るという状況、実は日常生活でもよくあります。細かい説明ではなく大枠をざっくりと教えてほしいのに、相手は細かい説明をチマチマとしてきて、こちらはイライラなんて経験ありませんか？　家電売り場のエアコン担当の方なんか、このような説明をする方がたまにおられます（非常に主観的な観点でごめんなさい）。文章を書くときに、こういった反面教師をちょっと思い出してみてくださいね。

提案は…

　ここでは長い公用文を贅肉肥大型と詳細叙述型に分けて紹介してきました。贅肉肥大型は、とにかく無駄な部分をそぎ落としていくことです。**無茶ぶりなどは論外**です。**注意喚起文を作る際の目安として、内在性、インパクト、提案、解決可能性という視点が有効である**ことを紹介しました。詳細叙述型は、**情報の大枠だけを捉えて文章化しましょう**。詳細部分はとりあえず載せない、といった方法で公用文は **A4 サイズ 1 ページくらいに収める**必要があります。自分が知っていることを全部書こうとするから、文章は長くなるのです。説明のうまい学校教員は、「何を説明するか」ではなく、「何を説明しないか」を考えるそうです（岸編著 2008）。まずは、不要なものが何か考えてみましょう。

参考文献
海保博之（1988）『こうすればわかりやすい表現になる　認知表現学への招待』福村出版
海保博之（2002）『くたばれ、マニュアル！』新曜社
岸学編著（2008）『文章表現技術ガイドブック』共立出版

頭のストレッチ

① 「セアカゴケグモを触らないでください」という注意喚起文を作ってみましょう。その際、内在性（セアカゴケグモの居住エリアは広まっているのか）、インパクト（人間にどの程度の被害をもたらすのか）、提案（セアカゴケグモを触らないでください）、解決可能性（「触らない」ことで問題は避けられるのか）をまとめてみましょう。

② 「地震の時に備えて、家族と緊急連絡の手段を話し合っておきましょう」という注意喚起文を作ってみましょう。その際、内在性（過去の地震でどんなトラブルが起こったのでしょうか）、インパクト（家族と連絡が取れないとどんな問題が起こるでしょうか）、提案（地震の時に備えて、家族と緊急連絡の手段を話し合っておきましょう）、解決可能性（緊急連絡手段を準備しておけば何がいいのでしょうか、携帯とはどう違うのでしょうか）をまとめてみましょう。

③ Y市『熱中症の予防のためには…』（19ページ）をスリム化してみましょう。この文章は7番目まである予防法の1番目でした。文章の核となる情報は何でしょうか。

第3章　対象者と文章の機能
［誰に］［何を］伝えたいの？

対象者を絞る

　第2章で扱った贅肉肥大型の文章では、様々な対象者向けに一つの文章が書かれている例を紹介しました。対象者が絞れていないと文章の機能がぼやけてしまいます。「誰に伝えるのか」を明確にせずに、「何を伝えるのか」は決められないからです。本章で扱うのは、こういった対象者や機能についてです。以下の例をご覧ください。

高齢者虐待防止マニュアル

平成18年4月1日に「高齢者虐待の防止、高齢者の養護者に対する支援等に関する法律」が施行され、本市でも、虐待は重大な人権侵害として捉え、虐待のない地域社会の構築を目指し、高齢者を虐待から守り、尊厳を保持しながら、いつまでも安心して住み慣れた地域において過ごしていけるよう、高齢者支援課と地域包括支援センターが中心となって、高齢者虐待に対応しています。

高齢者虐待を防止するためには、できるだけ早い段階で把握し、対応することが必要であることから、<u>関係機関、介護保険サービス事業所の皆さん</u>が高齢者虐待のサインに気づき、円滑に養護者支援につなぐための対応の手引きとして、「高齢

者虐待防止マニュアル」を作成しておりますので、活動の指針としてご活用ください。
　また、<u>市民の皆さん</u>向けに「高齢者虐待防止パンフレット」も作成しましたので、高齢者虐待を防ぐ地域づくりへの理解が深まることとなれば幸いです。

（A市『高齢者の虐待防止』　下線は筆者）

　3つのパラグラフからなっていますが、第一パラグラフは、法律を大上段にかざしながら、本市の取り組みをアピールしています。いわゆる市政情報というやつで、想定読者はマスコミでしょうか。プレスリリースのにおいがプンプンします。第二パラグラフは下線ではっきり書いているように関係機関や事業所の皆さま向け、第三パラグラフは市民の皆様向けとなっています。このようにさまざまな対象者を文章に入れ込むと、文書は大変読みにくくなります。市政情報としてマスコミ向けに発表する文書は、行政の取り組みアピールが目的ですが、第二パラグラフ以降は、手引きを使用して虐待をやめてくださいという依頼・注意喚起が目的になります。この「アピール」や「依頼」、「注意喚起」というものを、本章では文章の機能と呼びたいと思います。

　対象者が絞れていない文章は、当然の結果として長くなります。第2章で図示して紹介した『帰宅困難者対策について』はその典型で、「マスコミ→被災後の施設にいる人→マスコミ→平常時の市民→平常時の企業→被災時の市民」のように対象者をコロコロ変えながら文章が長文化していくのを見ました。もう、ここまでいくと何のための文章なのか、書いた本人もわからなくなっているのではないでしょうか。

マスコミ向けの情報はまず分別

　市政を執り行う方にとって、マスコミ対応が非常に重要であることはわかります。するべきことをしないまま問題が起きると、マスコミにたたかれてしまうからです。まめにプレスリリースを行っているのもその表れでしょう。そういう意味で、防災、防犯関係の公用文はマスコミを想定した書きぶりになりがちです。以下の文章は、H市が災害に備えてカメラを設置しているというものです。「災害監視カメラを設置し、災害に備えています！」のようにタイトルにびっくりマーク付きで備えを強調していることから、マスコミを意識しているように見えます。こういった情報は、何か災害が起こった時には言い訳になるうえ、この手の取り組みをしていない自治体にとってはニュースになるのです。

災害監視カメラを設置し、災害に備えています！
　風水害等の災害対応を目的として、H市では、市内9か所（具体的な設置場所の名前は省略）に災害監視カメラを設置し、監視を行っています。これにより、災害対策本部室等で河川の増水状況等を確認することができるため、より迅速な災害対応が可能になります。
　近年、地球環境の変化や異常気象により、局地的な集中豪雨など洪水や土砂災害が多発しており、平成25年の台風18号による豪雨災害では、○○や××に甚大な被害をもたらしたことは記憶に新しいところ。災害時に迅速かつ的確に<u>災害対応を行うため</u>、<u>災害監視カメラ設置につきまして、ご理解、ご協力をお願いいたします。</u>
（H市『災害監視カメラを設置し、災害に備えています！』　下線は筆者）

ところがこの文章は、市政情報カテゴリーではなく、くらしの情報カテゴリーに入っているため、市民向け情報なのです（この自治体は市政情報カテゴリーを別に立てています）。よ〜く読み進めていくと、最後の下線部で、「ご理解とご協力」をお願いしています。つまり、最後の部分は、主にカメラ設置場所付近の住民に向けた、設置許可を依頼する依頼文になっているのがわかります。カメラを設置すると「監視社会だ！」と嫌がる人がいるかもしれませんが、なんとかご理解をいただきたいという文書です。もしくは、小さくない費用を使ってたくさんのカメラを設置していますが、安全のためですのでご理解くださいという市民向けのメッセージかもしれません。例えば、上の文章を市民向け情報に徹した形にするなら、以下のようなものになるのではないでしょうか。後半のストーリーは私の創作ですが、本当の市民向け情報ならこういう形になるべきです。

災害監視カメラの設置と避難情報の伝達方法

　風水害等の災害対応を目的として、H市では、市内9か所（具体的な設置場所の名前は省略）に災害監視カメラを設置し、監視を行っています。上記河川近辺にお住まいの皆様には、カメラの設置に関するご理解をいただけたらと思います。

緊急時の対応（災害対策本部室等がカメラの情報から危険水位であると判断した場合）

　①市のHPに避難情報を載せる

　②各自治会長あてに緊急メールを流す

＊不安な場合は、市のHPまたは所属の自治会長さんにご確認ください。

次は防犯です。この文章はなかなかトリッキーです。対象者は誰で、文章の機能は何だろうなあと考えながらじっくりお読みください。

> ビューティフル・ウィンドウズ運動―花のあるまちかど
> A区では、平成25年度から「花のあるまちかど」事業を開始しました。
> 花を住居や店の入口などに置くことでまちを彩るとともに、花の水やりのために庭に出たり、手入れする時間を小学校の登下校時間に合わせることで、犯罪を抑制することをめざしています。
> 現在、まちを花いっぱいにするべく区内花店や商店街店舗、保育園・幼稚園などに、事業のご協力をいただいております。
>
> <u>皆さんも花を育てながら、まちの彩りと防犯に一役買ってくれませんか？</u>
> 花を育てるあなたは「ビューティフル・パートナー」です。
> （A区『ビューティフル・ウィンドウズ運動―花のあるまちかど』下線は筆者）

最初は、この区が行っている運動を説明しています。『ビューティフル・ウィンドウズ運動―花のあるまちかど』というようにカタカナでキャッチーな「運動名」をタイトルに使っていることからも、念頭にマスコミがあるのだと思います。こんなおもしろい活動をやっていますから、どこかのメディアで取り上げてよ！というアピールが透けて見えます。ところが、文章を読み進めていくと防犯目的であることがわかります。さらに最後の下線部で、皆さまも参加してくださいという協力要請の文章になっています。

言語形式本来の機能と、ある場面での臨時的機能が異なるなんてことはよくあることで、語用論という分野で研究されています。「暑いわ〜」という事実を叙述する言語形式を用いて、「窓を開けてください」という依頼の機能を持たせるなんてことはよくあります。「俺のパンツを洗ってくれ」なんていう命令形式を使いながら、実はプロポーズ（希求の機能）のつもりだったりするわけです。これは、私とあなたが特定場面で使うから成立するやりとりなのですが、公用文は全く違います。対象者と文章の機能を絞ってから書き出さないと、読んでいる人は何が言いたいんだかわからないと感じるはずです。

　対象者を上手に整理しているのが、山形市のウェブサイトです。トップページからいきなり文章が４分類されています。基本的に国や自治体のサイトは情報がカテゴリーごとに分けられているのですが、このように対象者別に分けるというのが大事です。

| 市民の皆さんへ | 事業者の皆さんへ | 観光客の皆さんへ | 市政情報 |

　これまで見てきたマスコミ対応が市政情報というカテゴリーに収まっているわけです。中身が厳密に分かれているかと言われると疑問もありますが、フロントページで分けてしまおうとする心構えが伝わってきてすばらしいです。ちなみに 人生のできごと というカテゴリーが別にあって、人生のイベント（妊娠・出産・教育・引っ越しなど）ごとに必要情報を取り出せるようにもなっています。大原則として、まずはマスコミ向けの文書は別に分類しましょう。それならアピール文に徹してしまってもかまわないのです。

市民対象と一言で言ってもね…

続いて、市民対象ということをもう少し掘り下げて見ていきましょう。市民と一言で言ってもいろいろな方がおられるわけです。以下の文章は住宅用火災警報器に関するものです。この公用文は、小タイトル8つで構成されており、「なぜ住宅用火災警報器を設置するのか!?」から始まり、「住宅用火災警報器はどこに設置するのか!?」と続き、その次に以下の文章が始まるのです。

住宅用火災警報器のお手入れをしていますか!?
1　乾電池タイプは交換を忘れずに！
　乾電池タイプは電池の交換が必要となります。
　概ね5年から10年を目処に交換が必要といわれていますが、早めの交換をお勧めします。
2　汚れが気になったら‥‥
　中性洗剤を浸して固く絞った布などで軽く拭きましょう。
　【シンナー】などは決して使用しないでください。
3　定期的に作動点検を忘れずに！
　1ヶ月に1度を目安に点検をしてみましょう。本体の引きヒモを引くものや、ボタンを押して点検できるものなど、機種によって異なりますので、購入時に点検方法を確認しておくことをお勧めします。
　　　　　（I市『住宅用火災警報器を適切に設置していますか?!』）

この文章の後、「住宅用火災警報器を設置して助かった事例は!?」「なぜ住宅用火災警報器を設置しないのか!?」「逃げおくれにご注意を!!」「悪質訪問販売にご注意を!!」「参考ホームページ」

と続きます。ここで言いたいことは、8つの小タイトルを見てもらうと、ほとんどが、警報器を買う前の人に向けた文章だということです。ところが、「住宅用火災警報器のお手入れをしていますか!?」の例だけは、買った後の点検をしましょうという文面で、対象は買った後の人です。買う前の人と、買った後の人は完全に排他的ですから、すでに買った人に向かってその重要性を説いたところで全く無駄です。むしろ例に示したメンテナンスの方法を丁寧に伝える必要があります。

この公用文は2016年1月20日にアップされていますが、2015年6月時点で、火災警報器の設置率は81％ですから（総務省『住宅用火災警報器の設置率等の調査結果』）、想定読者を完全に間違っているとも言えます。もっと買った後の人（81％を占める）向けのメンテナンス情報にスペースを割くべきです。

第2章の『帰宅困難者対策について』では、平常時と災害時の市民向けに文章が書かれていました。同様の例は目につきます。以下の『狂犬病予防注射について』というお知らせは、「狂犬病予防注射を接種する時期」「狂犬病予防注射済票の年度」「狂犬病予防注射を接種する際の注意」「関連情報」という4タイトルからなり、A4サイズで3ページに及ぶ大作です。「狂犬病予防注射を接種する際の注意」というタイトルの中に「犬の体調はいかがですか？」「ほかの予防注射を接種していませんか？」など5つの小見出しがあり、その一つが以下のものになっています。

> **接種後の体調管理も大切です**
> 予防注射接種後は安静にし、ストレスを与えず、激しい運動を控えましょう。また、接種後1から2日ほど元気がなくなったり、食欲が落ちたりすることがあります。安静にして様子を観

察してください。
ごくまれに、ワクチンでアレルギーを起こしたり、体調に異変を生じる場合があります。様子がおかしいと思ったら、かかりつけの動物病院等で獣医師と相談しましょう。

(A区『狂犬病予防注射について』)

ワクチン接種前に読むべき情報に、接種後のことまで書いてあります。このように、読者を時系列に想定して、すべて書いてしまうと文章は長文化しますし、読んでいるほうも「そういうことは接種後に知らせてよ！」と思うかもしれません。このような文書は愛犬に注射を接種した後の人に配布すればいいと思います。ある行為・出来事に関わる前の人と、後の人に情報を分けて提示すること、これも読者を絞るということに他なりません。

文章の機能を再考する

ここまで見てきた文章にはさまざまな機能がありました。マスコミ向けのプレスリリースは市政アピールがその機能でした。「本自治体はがんばっているんだから誌面・テレビ放送で取り上げて欲しい」とか、「災害の準備はそれなりに行っているのだから、何かあったときにたたかないでほしい」といった相手への行動促進機能があります。市民向け情報はどうでしょうか。『高齢者の虐待防止』では、マニュアルを活用してくださいという依頼や「虐待しないで」という注意喚起の機能がありました。『ビューティフル・ウィンドウズ運動—花のあるまちかど』は、「花を植えましょう」という協力要請の機能を持っています。『住宅用火災警報器を適切に設置していますか?!』は、まだ設置していない人対象であろうとす

でに設置した人対象であろうと、注意喚起文です。本章では扱っていませんが、「〇〇証明書の申請手続き」「〇〇手当（助成）の申請方法」といった手続き説明文は機能が少し異なります。一方、公用文には、行動を促さないものもあります。『後期高齢者医療制度のしくみ』とか『市民税とは』といった定義ものがそうで、情報を解説するという機能です。このタイプ、基本的には次の段階へのステップです（後期高齢者に医療負担を求める依頼の前段階として『後期高齢者医療制度のしくみ』があるわけです）。以下の表では、それぞれの文章機能とその例を振り分けてみました。そもそも元文は、機能が複数にわたっていたので、ここでの例の分け方はあくまで仮のものです。

〔表〕 文章機能別特徴一覧

	主な対象者	行動促進	例
アピール	マスコミ	あり	災害監視カメラを設置し、災害に備えています！
依頼・協力要請	一般市民	あり	ビューティフル・ウィンドウズ運動
注意喚起	一般市民	あり	住宅用火災警報器を適切に設置していますか?!
手続き説明	一般市民	あり	〇〇証明書の申請手続き
情報解説	一般市民	なし	後期高齢者医療制度のしくみ

文章の書き方①：タイトルと機能の一致

　自分が公用文を書くときに、一体どの機能を持たせようと思っているのかを把握することは重要です。誰に向かって書いているのか、相手に行動を促そうとしているのかそうじゃないのか、こういった文章の骨格を決めてから書きましょう（〔表〕「文章機能別特徴一覧」を参考にしましょう）。もう少し踏み込むと、機能がタイトルからわかるようにしましょう。

　アピール　〇〇をしています！、［覚えやすいキャッチコピー］など
　依頼・協力要請　〇〇ませんか、〇〇にご協力ください
　注意喚起　〇〇に気を付けましょう、〇〇しましょう、〇〇しないでください
　手続き説明　〇〇の申請方法、〇〇の手続き、〇〇の手順
　情報解説　〇〇とは、〇〇のしくみ

　例えば、A区の『ビューティフル・ウィンドウズ運動—花のあるまちかど』のお知らせに機能別でタイトルをつけるとしたらこんな感じです。

アピール	ビューティフル・ウィンドウズ運動を実施しています！
依頼・協力要請	軒先にお花を植えてみませんか？

タイトルの重要性や具体的なつけ方は『よくわかる文章表現の技術Ⅱ』に詳しく論じられています。興味のある方は一度ご覧ください。

マスコミ向けのアピールは、タイトルで区別するだけでなく、カテゴリーを分けて一般市民向け情報とは全く別の場所に置くのがいいと思います。ウェブサイトの場合は、上記山形市のHPが参考になりますし、紙媒体で配布するとしても、その置き場所を分けておくことが必要です。

　文章の機能に合わせてタイトルを決めたら、そのタイトルに沿ってなるべく余計なことを書かないようにしましょう。私たちは文章を読むとき、スキーマという構造化された知識を用いています。この話は何の話かな？と考えながら読んでいるのです。ところが、文章の機能がコロコロ変わっていくとスキーマをうまく活用できず、読み手はイライラしてしまいます（石黒2010）。タイトルと内容を慎重に一致させていけば、結果として一文章一機能に落ち着くはずです。時には複数機能が併存することもありえますが、なるべく一機能に絞る努力が重要です。また、情報解説などは、その存在意義自体が、次に続く文章の前段階にすぎません。簡潔に書くことが至上命令でしょう。

文章の書き方②：読者の関心を考慮する

　〔表〕「文章機能別特徴一覧」では、依頼・協力要請、注意喚起、手続き説明が似たような属性を持っているように見えますが、これらは読者の関心という点で全く異なります。手続き説明は行動を起こしたいと思っている人が読むものですから、読んだ人はすぐに行動に移ります。当然関心も高く一生懸命読んでくださいます。依頼・協力要請や注意勧告は少し違います。これらは、読者にとって即時性がない（緊急性がない）ため、一生懸命に読んでもらえるかはわかりません。また、依頼・協力要請は第一義的には読者以外の

人がメリットを享受します（防犯運動など）が、注意喚起は読者本人にメリットがあります（火災防止など）。こういったことをまとめると以下のようになります。地震に関する注意喚起のような、いつ起こるかわからない（即時性がない）ものは、本人にメリットがあってもかなり関心は低くなります。よって、注意喚起でもかなり右寄りになるものもあるためこの〔図〕は目安程度に考えてください。

〔図〕 読者の関心と文章の機能

　この〔図〕を参考にしながら、自分が書こうとしている文章は読者にとってどれくらい関心の高いものなのかを考えましょう。表の右寄り、つまり関心が低いものは、相当簡潔に書かないと読んでもらえないということをご理解ください。

　本章の内容をまとめると、**読者を絞る、文章の機能を意識する、読者の関心を考慮する**、この3点を詳しく見てきました。こういう意識を持てば筋肉質な文章になりますよ。

参考文献

石黒圭（2004）『よくわかる文章表現の技術Ⅱ　文章構成編』明治書院

石黒圭（2010）『「読む」技術　速読・精読・味読の力をつける』光文社新書

頭のストレッチ

以下の文章は、機能が複数混在しています。「防犯パトロールにご協力ください」というタイトルにして、協力要請の機能を持つ文章に書き換えましょう。

防犯

K市では、夜間における犯罪の防止と市民の通行の安全を図るために、防犯街路灯の設置や電気料の助成を行っています。また、地域の自主防犯組織への支援として拍子木の交付を行っています。

さらに、地域の方々や警察署と合同で防犯パトロール等を実施し、環境浄化を推進しています。

(以下で、助成の申請方法、拍子木の貸し出し方法の詳細が細かく続いていく) 　　　　　　　　　　　　(K市『防犯』)

コラム②　なぜ公用文は難解になるの？

　本書は、公用文の難解さを複数の視点から指摘してみようという試みです。このコラムではそこをもう少し掘り下げて、そもそもなんで難解になってしまうのかという背景に踏み込んでみたいと思います。公用文が難解なのは日本だけの現象ではありません。ドイツではシュミット元首相が国会で「私は電力会社から送ってこられる電気の請求書の意味はさっぱりわかりません」と答えて有名になったそうです（R. シュルテ 1985）。中国でも「リニア延伸、揺れる上海　沿線住民ら反発」（朝日2008年1月16日朝刊）という記事で、リニアモーターカーの延伸に関する計画案が非常に難解であると指摘しています。リニアは磁力を用いるため近隣住民は人体への影響を懸念してあまり歓迎していないのですが、この計画案の難解さも住民の反発を買う一因になっているとのことです。こういった事例を見ると、公用文はそれ自体が普遍的に難解になる素質をもっているのだと思います。

　一方、日本には日本独自の原因があるのではないかとも思います。第1章で見たように、国語政策が文字表記に特化して議論されてきたため、公用文などの中身のわかりやすさを議論する時間が取れなかったというのも一因でしょう。このコラムでは、もう少し踏み込んで公用文における難解さの理由を分析したいと思います。

国語教育が問題じゃないの？

　学校教育（国語）は漢字の文字教育に重心が置かれすぎているのではないか、また、作文より読解が重視されているのではないか、という指摘があります（海保2002）。つまり、日本人が書く訓練を受けていないから文章作成が苦手なのではないかという指摘です。漢字が重要なのは言うまでもなく、国語教育でしっかりやらないといけません。

一方、確かに現状では漢字を覚えることにかなり大きなエネルギーを使っている感もあります。読解偏重も言われれば確かにそうで、たくさん読み物を読んだ記憶がありますが、相対的に作文は少なかったように思います。少なくとも「読む」活動と「書く」活動が同じ割合で組まれていたとは思えません（教員の負担を考えれば、作文の採点を何度も行うのは大変な労力ですから、安易に「もっと増やせ！」と主張することもできません）。作文の実施方法や試験問題に採用される文章ジャンルにも問題がありそうですが、これについてはコラム③で詳しく扱います。

職員の防衛本能？

自治体職員さんは公務員であるということで、市民から様々なプレッシャーをかけられているのです。自治体職員さんといっしょに仕事をすることがあるのでよくわかりますが、市民は常に公務員を（ほんの少しね）監視したがるものです。そういう市民に挙げ足を取られては困るという自治体職員の防衛本能があることは間違いありません。2012年12月30日の朝日新聞朝刊に、広島市の公務員の1割が、訴訟に備えて保険に入っているというニュースがありました。自治体職員はクレーム社会に対応しなければならないという背景があるのです。これはPL（製造物責任）法が出てきて、マニュアルに無用な注意書きが増えた（海保2002）のと並行する現象です。文書が詳細になってしまうのはこの辺に原因があるのかもしれません。

教養としての難解文書？

どうも日本人には「難解な文書を読めることは教養があることを意味する」という発想があるのではないでしょうか。難解な文書と言うと大げさですが、「公用文は硬い文書であるべきだ」という考えが一般的にある気がします。外山滋比古氏は日本語の二重性として、知識

階級と庶民では別々の日本語を書いているという指摘をしています（『日本語の論理』）。知識階級の一角を占める公務員さんはやはり硬い文書を書くことが求められる（と思っている）のではないでしょうか。知識階級の典型である学者も、同じ理由で硬い難解文章を好むのだと思います（関連トピックは第9章）。学者とは違って公務員さんは、文書を上司がチェックします。部下がわかりやすい文書を書いても、上司などのチェックが入る過程で硬く変わってしまうという指摘もあります（最上1985）。

興味深い研究をここで紹介します。難解公用文を書き換えてもらう実験を行い、書き手が心の中で何を考えているのか明らかにしようとしたものです（宇佐美2013）。そこでは、言語形式を簡略化しようとする気持ちと文書の品位保障をしたい気持ちがぶつかって書き手はジレンマを抱えていることが明らかになっています。つまり、わかりやすさに特化すると品がなくなると思う人がいるのです。実際、職員研修の際、そういう意見を言ってくる人がたまにおられます。ここのジレンマは難しいところです。

組織の細分化による弊害？：サイロ・エフェクト

組織の中で細分化・専門化したグループは、グループ間での意思疎通ができなくなっていきます。これによってさまざまな問題が起こります。縦割りの問題と言ってもいいでしょう。最近では、サイロ・エフェクトなんていう用語まで現れてきており、自治体であろうが民間企業であろうが大きな組織が共通して抱える課題になっています（『サイロ・エフェクト』：サイロとは貯蔵庫の意味ですが、ここでは細分化されたグループを指します）。公用文が難解になる理由の一つはこのサイロ・エフェクトではないでしょうか。読み手に伝わらない外来語・専門用語が使われる問題（第1章・9章）、情報を一覧にする際、縦割り区分でカテゴリー化される問題（第12章）などがこれに

当たるでしょう。組織が大きくなると、中が細分化・専門化していき、全体としては複雑な組織になっていきます。それぞれのグループが自分たちのことを説明する言葉も、難解になるのです。

興味深いのは、組織がサイロ化していくと逆に、「わかりやすさ」を求める人が増えるということです。複雑化が進むと全体像がわからなくなり、「もっとわかりやすくしてくれ」というニーズが高まるのです（畑村2005）。

ここまで、いろんな背景事情を紹介してきましたが、公用文が難解になるのはさまざまな要因があり、一筋縄ではいかないのです。各職員さんがこういった背景事情を振り返ってみて意識することで、少しでもわかりやすい方向に動いていけたらいいなと思っております。

＊本コラムは以下の論文を下敷きとしています。
岩田一成（2014）「公的文書をわかりやすくするために」『日本語学』9月号 33巻11号 明治書院 pp.44-54

参考文献
宇佐美洋（2013）「「やさしい日本語」を書く際の配慮・工夫の多様なあり方」庵功雄・イヨンスク・森篤嗣編『「やさしい日本語」は何を目指すか　多文化共生社会を実現するために』ココ出版 pp.219-236
海保博之（2002）『くたばれ、マニュアル！』新曜社
ジリアン・テット（2016）『サイロ・エフェクト』文藝春秋
外山滋比古（1987）『日本語の論理』中公文庫
畑村洋太郎（2005）『畑村式「わかる」技術』講談社現代新書
最上勝也（1985）「"ことばの行革"」『放送研究と調査』第35巻7号 pp.22-39
R. シュルテ・ベルクム（1985）「外国人の目で見た日本語の公用文」『言語生活』408号 pp.44-49

第4章　間接的な説明
意図が伝わってこない

伝えたいことは何？

　公用文を読んでいると、回りくどかったり言い回しがあいまいだったりで、何が伝えたい内容なのかわからない文を目にします。少し長いのですが、後期高齢者医療制度の説明文をご覧ください。

> **制度のしくみ**
> 　<u>世界有数の医療水準を達成した国民皆保険制度</u>をこれからも持続可能とするために、医療制度改革が行われてきました。その中で、後期高齢者医療制度は、<u>国民全体で高齢者の医療を支えるもの</u>として、これまでの老人保健制度から移行し、平成20年4月にスタートしました。
> 　新しい制度は『高齢者の医療の確保に関する法律』に基づき、<u>各都道府県に設置された広域連合により運営</u>され、被保険者は各地域の医療費に見合った保険料を負担することとなりました。高齢者の医療費は、医療機関等の窓口での自己負担分を除き、保険料が1割、公費（国県市の税金）が5割、現役世代の加入する他の医療保険が4割を負担しています。
> 　今後さらに高齢化が進みますが、みんなで支え合いこれまで通り安心して医療を受けることができ、<u>健康あふれる長寿社会</u>をめざすものです。
>
> 　　　　　　　　（H市『後期高齢者医療制度』　下線は筆者）

長々と説明していますので、下線を引いたところだけでも目で追いかけてください。まず国民皆保険制度が世界有数の医療水準にあることから始まります。続いて、後期高齢者医療制度は国民全体で支えるものであることがわかります。さらに各都道府県の広域連合なるものが運営をすると説明して、最後にこれらが長寿社会のためであると締めくくります。これらの説明は、話がとても大きくて「世界」「国民」「各都道府県」「社会」といった単語を連発しますが、肝心の読み手個人にとってしくみがどう変わるのかはっきりは言ってくれません。小タイトルは「制度のしくみ」となっていますが、この部分以外のところでも、具体的に何が変わるのかという個人向けの説明はありません。

上の文章を個人向けにして簡単に言うと、「新しいしくみでは、後期高齢者にも医療費相応の保険料負担を求めます（保険料を払ってもらいます）」という一言に尽きます。その理由として、「もはやお年寄りの医療コストを社会で支えることができなくなってしまったからです。」という一文があってもいいかもしれません。上の文章は非常に回りくどく、伝達内容がぼやけています。本章で扱う「間接的な説明」とは、まわりくどい説明、あいまいで意図がわかりにくい説明などの総称として使います。私が間接的な説明の公用文を集めてみると、どうも読者に費用負担を負わせるものが多いことに気づきました。そこで本章は、費用負担を求める文章に特化して解説をしたいと思います。

制度の複雑さと対人配慮

文章が回りくどくなる原因はいくつかあります。後期高齢者医療制度の例でいえば、まず、制度自体の複雑さがあります。軽減対象

の設定や、広域連合の役割など、わかりにくい点が多いのです。「長寿医療制度」などという呼び方も出てきたりして、制度がいくつあるのかわからないというのも問題でした。2008年8月15日の毎日新聞にある「後期高齢者医療制度：お年寄り悲鳴　難解書類、どっさり」という記事では、当時の混乱の様子が記録されています。ただ、この複雑な制度の問題と並んでもう一つ大きい原因は、読者に対する配慮ではないでしょうか。「はっきり言い切ってしまうとカドがたつ」、これを気にしているのです。「新しいしくみでは、後期高齢者にも保険料を払ってもらいます」なんて言い切ってしまったら、それこそ市民から反感を買う可能性があります。上記H市の『後期高齢者医療制度』は、冒頭が以下のように始まります。

> **後期高齢者医療制度のあらまし**
>
> 　平成20年4月からスタートした後期高齢者医療制度は、これまで国においてさまざまな見直しがされました。今後も見直しが予想されますが、現時点での制度のしくみをお知らせしますので、75歳以上の対象の方だけでなく、ご家族の方もご覧ください。
>
> 　また、後期高齢者医療制度の前身である老人保健制度のときからその医療費の一部は若い世代の方も負担しています。市民のみなさんのご理解をお願いします。

　この慎重な配慮表現は見事です。これまで見直しをしてきてこれからも見直しをするので、今の制度は暫定的であると述べています（何回見直しても、お年寄りの負担が軽くなるなんていう選択はありえないと思うのですが…）。

彼氏「あのさ、まだ決まったわけじゃないんだけど…」
彼女「どうしたの」
彼氏「<u>実は、地方転勤になりそうなんだ…</u>」
彼女「ええぇ!!　遠距離恋愛になるの?」
彼氏「まだ確定じゃないのよ」

もちろん下線部に大きなよいニュースが入ることもありえますが、1行目のような言い方に悪いニュースの頭出し機能があることはここからわかります。これから起こる出来事の確定性を否定するという操作を行っています。すごく嫌な出来事でも、確定ではないと言われれば人間は安心するものです（少しだけね）。

さらに、上記例では、「後期高齢者医療制度の前身である老人保健制度のときからその医療費の一部は若い世代の方も負担しています。」と、前から若者が負担していたので、今回の制度から突然負担が始まるわけではないことを指摘しています。

先生「来週はどこかの日に抜き打ちテストをします」
学生「ええぇ!!」
先生「でもまあ、先月もしたでしょ?」
学生「まあそうなんだけど…」

なんていう会話からわかるように、悪いできごとが少し和らいでいます。ここでは、固有性を否定するという操作を行っています。嫌な出来事が起こるとき、実は過去にも同様のことが何回もあったのよ、と言われるとその効果は大したことがないように思えてきます。こういった2点のストラテジーから、いかに読み手への配慮を気にしているかわかります。

ここまで、間接的な説明には、制度の複雑さと対人配慮が関わっ

ていることを見てきました。そしてこの対人配慮が、文章を間接的で回りくどくしていることもおわかりいただけたのではないでしょうか。

まわりくどい依頼

　後期高齢者医療制度やこれから見る介護保険制度などは、比較的読者のメリットが見えやすいものです。負担を求める一方、何かあったときは費用が補てんされるという医療関係のお知らせだからです。わざわざメリットを説明しなくても、読者は納得してくれます。ですからこのタイプの公用文は、対人配慮を丁寧に行いさえすればよいのですが、この配慮が曲者で、時には回りくどくあいまいな表現へと昇華していくのです。

　介護保険についての説明を見てみましょう。

> 「寝たきりや認知症などで介護が必要になったらどうしよう」誰もがこのような不安を持っています。今、日本では高齢化が進む一方、高齢者を支えてくれる若い人たちの数が減るなど、家族だけで介護をすることが難しくなっています。介護を必要とする人が住み慣れた地域で安心して生活が送れるよう、介護を社会全体で支えていく仕組みが「介護保険制度」です。
> 　　　　　　　　　　　　　　　（A区『介護保険制度とは』）

　これも同じようなパターンで、日本では高齢化が進むとか、社会全体で支えるとか、大きな話題が出てきます。大きな話ばかりをしておいて、個人に対する依頼なり、協力要請をはっきりと言いません。この制度の背景は、もはや被保険者に保険料を払ってもらわな

いと介護制度が回らないというところです。ただし、その費用負担を求めるというのは、書き手にとって心理的負担が大きいのです。この文章の後のところに「加入者は介護保険料を納めます」という文言が出てくるくらいで、制度の説明としては負担が上がることを明記していません。

　ここまで、読み手への配慮から、文言がまわりくどく間接的になっていくことを見てきました。こういった対人配慮の間接的な説明が大きな人災をもたらしたこともあります。戸部良一氏他による『失敗の本質』を読んでいると、昭和の一連の戦争中に意図の不明確な文章、抽象的であいまいな文書がどれだけ日本軍に大きな打撃を与えたのか伝わってきます。ノモンハン事件の撤退指示、ミッドウェー海戦の目的共有、インパール作戦の実行、すべてにおいて本部の指示が間接的で、結果として現地の暴走を許し、作戦ミスを誘発してしまいます。ノモンハン事件の例を見ましょう。日本としては、関東軍がソ連にさんざんやられた後ですので、大本営はもう作戦終結の意図を持っています。しかし、関東軍の地位を尊重するため、はっきりと作戦中止を切り出すのではなく、使用兵力の制限といった表現で意図を伝えようとしてきたのですが、全く伝わりません。そんな中での作戦終結に関する大命（概要）です。

> 「大本営の企図は北辺の平静を維持することにあり、関東軍はできるだけ小兵で持久策をとるべし」
>
> 　　　　　　　　　　　　（戸部他『失敗の本質』64ページ）

　これで、中止命令だなんて無理でしょ〜。全く意図が伝わらなかったそうです。血気盛んな現場に対して、はっきりと指示を出すことは現場責任者の面子をつぶしかねません。特に撤退作戦の指示などは、大変大きな責任問題を現場責任者に負わせることになりま

第4章　間接的な説明　　55

す。結果として間接的な物言いになっていったことは簡単に予想できます。ちなみに天皇陛下の終戦に関する玉音放送も国民には全く意味がわからなかったそうです。これも究極の対人配慮場面ですね（この場合はあまりに状況がはっきりしていたため、国民にその意図は伝わったそうですが）。

あいまいな依頼

　少し前のものになりますが、この公用文はどうでしょうか。『テレビについて大切なお知らせです』というタイトルで地デジへの買い替えを依頼しているものです。QA形式になっています。

> ### 2011年7月までに今までのテレビ放送（地上アナログ放送）は終了します
> それまでに、あなたのテレビを「地上デジタル放送」（地デジ）対応にかえていただく必要があります。皆様のご理解とご協力をおねがいいたします。
>
> ⑦地デジは今までのテレビ放送と違う？
> 地デジは，今までのテレビ放送よりきれいな映像か楽しめるだけでなくあなたにやさしく便利な21世紀のテレビ放送です。
>
> ⑦いつかわる？　なぜかわる？
> 2011年7月24日までに、あなたのテレビを地デジ対応にかえていただく必要があります。
> 地上デジタル放送は、より進んだ放送ができるだけでなく、電波を有効に使うことができます。携帯電話など、電波の使い道が増えたため、テレビ放送を地デジに切りかえることに

なりました。皆様のご協力をお願いいたします。

⑦地デジを見るには？
1. 新しくテレビを買いかえる人は
「地上デジタルテレビ」を指定して買うようにしましょう。
2. 今のテレビを引き続き使いたい人は
お手持ちのテレビに「地上デジタルチューナー」をつけましょう。
3. ケーブルテレビを利用している人は
まず、ケーブルテレビ会社に問い合わせしましょう。

（総務省『テレビについて大切なお知らせです』 下線は筆者）

「あなたにやさしく便利な21世紀のテレビ放送」ってフレーズ、すごくないですか？　これを見て、「おう、それなら高いテレビやけど買い替えなあかんなあ」って納得した人、どれくらいいるのでしょうか。このチラシは、QAが3つ並んでいるだけで、費用負担がどれくらい発生するのか全く述べられていません。「「地上デジタルテレビ」を指定して買うようにしましょう」と、提案・助言のように書いていますが、本質的には依頼文です。地上デジタルチューナーをつければ今のテレビが使えるというような説明もありますが、チューナーが有料であることは全く記述されていません。また、なぜ現状のテレビを買い換えなければならないのか、という説明がほとんどありません（携帯が増えたからという説明が少しありますが、これだけでは一般の人にはよくわかりません）。

次の例は町内会・自治会に関するお知らせです。

> 誰もが安全で快適に暮らせるまち。このための身近な組織として、ご近所のつながりでできた町内会・自治会があります。住民同士が日ごろからつきあいを深めることによって、困ったことはお互いに協力し合って解決しようとする気持ちが生まれます。このような助け合う気持ちや、言葉を、交しあえる人間関係は、日ごろ感じる暮らしやすさにとどまらず、災害時の救助活動まで、さまざまなところで力を発揮します。
> 「自分たちのまちは自分たちで創り、守る」ために、町内会・自治会は他のコミュニティ団体とも連携をとりながら、こどもの見守り活動などいろいろな活動をしています。
> **町内会・自治会への加入は、お住まいの地域の町内会・自治会の役員にお申し込みください。まちづくりをあなたの手で！町内会・自治会は、住みよいまちづくりを目指しています。**
> (H市『住みよいまちを！まちづくりの主役は　わたしたち市民です！』)

　この文章でも、費用負担や入会後のメリットが全く書かれていません。言うまでもなく自治会には費用負担があります（私が現在入っている自治会は入会費3000円に年会費3600円です）。その費用に対して、どういうメリットがあるのでしょうか。これでは若い人が自治会離れするのがよくわかります。つい最近も小栗旬氏が自治会に入らないとかどうとかでニュースになっていました（彼は別に会費が惜しくて入っていないわけではないと思いますけど…）。

　この問題、書き手にしてもつらいところで、自治会が集めた会費で何をしているのか、あまりに多種多様であり文書化するのが難しいのです。しかし、当該自治体内でいくつかの町会・自治会を調べ

てみれば、具体例を二つ三つ挙げることは可能でしょう。2015年9月27日から10月25日まで断続的に5回朝日新聞で自治会に関する連載がありました。年会費は1000円から2万円まで幅があり地方ほど高くなること、入会金と称して5万から10万円徴収されることがあることが書かれていました。支出は、神社の維持費、自治会長の報酬（10万から90万円）、懇親会の食料費など様々な使われ方をしているようです。

ここで見てきた2種類の公用文は、どちらも費用負担を求めるものであるにもかかわらず、それが具体的に記述されていませんでした。その費用負担が必要になってくる理由もはっきりせず、さらには費用対効果や読者のメリットが書かれていません。このようなタイプは、文章があいまいなものになり、読者に何を求めているのかわかりにくくなります。

提案は…

ここまで費用負担を求める公用文が間接的になっている例を見てきました。ここでは、解決策を提案したいと思います。**キーワードは、個人レベルの具体的な説明、費用負担が発生する理由、読者のメリット（デメリット）の3つ**です。まわりくどい依頼の例はどれも医療関連のお知らせでしたから、読者のメリットが明らかです。これらはわざわざメリットを説明する必要はありません。ただし、ある範囲の人には費用負担が増えること（個人レベルの具体的な説明）、そしてその理由をはっきり伝えましょう。対人配慮にばかり気をとられてこの点を回りくどい説明にしてしまうと、何が言いたいのかわからなくなります。

あいまいな依頼の場合、まずは読者のメリットがよくわかりませ

ん。なんとか読者へのメリットをうまく説明しましょう（それがどうしても無理なら、国や社会のためにはどうしても必要であることを訴えるようなお願いの形式にしましょう）。そして費用負担がどれくらい発生するのか説明しましょう（個人レベルの具体的な説明）。その理由もあれば理解しやすくなります。

　一例を書きます。とある自治会は、会費で震災用の非常食を備蓄しています。そこでは、費用負担をした分、緊急時に食料が担保されるわけです。自治会費は〇〇千円かかること（個人レベルの具体的な説明）、それを集めて食料を備蓄していること（費用負担が発生する理由）、災害時にはそれが非常食になること（読者のメリット）、こういったことが明記されていれば、かなり費用負担の重要性が伝わると思います。震災時に自分の家庭だけ非常食がもらえなくなる（実際そんな冷たいことはしないでしょうが、理屈上はそうなります）と考えたうえで、自治会に入らないのなら、それはその人の勝手です。読者が自分で判断できる材料を提示するところまでが公用文の責任です。

参考文献
戸部良一他（1991）『失敗の本質』中公文庫

> **頭のストレッチ**
>
> 「後期高齢者医療制度」「介護保険」「地デジ」「自治会・町内会」の中から、興味のあるテーマを一つ選んでください。これらは読者に費用負担を求めるものです。費用負担に対して、読者がどのようなメリットを得られるのか列挙してみましょう。読者のメリットがなさそうなら、社会にとってのメリット（導入する必然性）を具体的に説明しましょう。

第5章　外堀埋めたて構造
核心は言わない

間接的情報から類推させることで核心に迫る

　公用文を読んでいると、話の核心を避けて周りの説明に従事するような言い回しが気になります。お城に例えると、本丸には触れず外堀の話ばっかりしているようなものです。例えば、「21歳以上の方は不要です」のような文書をよく目にするのですが、20歳までは必要です」って言うたらええやないかい！っていつも突っ込んでしまいます。本章で扱うテーマは、第4章の間接的な説明と連続するものです。外堀の話は、読者目線で見ると間接情報になるからです。とりあえず、具体例を見てみましょう。

　この例は教員採用試験の採用資格に関する記述です。少し長くて簡単には突っ込めません。じっくりとご覧ください。

（前文脈省略）

採用候補者名簿の有効期間は、最終合格決定の日から1年間です。

なお、現に試験区分（教科）に該当する免許を有する方を除いて、平成27年3月31日までに当該免許を取得できなかった方は、採用候補者名簿から削除され、採用資格を失います。

（K市『平成26年度教員採用候補者選考試験』）

核心をずどんと突くなら、「27年4月1日の段階で試験区分（教科）に該当する免許を有する方だけに資格があります」となります。この手の文章は、中心部分を言わずに、その周辺にある部分を否定することで適用範囲を厳密に定めようとしています。結果として、中心部分が何かは読み手が自分で見つけ出すしかないのです。

　「何がダメかを伝える」というやり方は、ルールや条件の提示には有効な場合もあるのですが、長文になり難解語彙と混ざると化学反応を起こし、非常にわかりにくくなります。このタイプの公用文はネット上にあふれています。ウソだと思った人は、どこかの自治体のホームページで「を除いて」で検索してみてください。自治体によって出現数が異なりますが、たくさんヒットする自治体は要注意です。外堀埋めたて構造が蔓延している可能性があります。

用語の定義に利用

　ここでは、固定資産税の説明を例にとって外堀埋め立て構造を説明します。用語を定義する際、その適用範囲を定めるような文脈でこの周辺部分を否定する言い方は便利なのでしょうね（定義については第10章で改めて取り上げます）。ところが、核心部分の説明をあまりにおろそかにすると、読んでいる方はポイントがうまくつかめません。次の例は、私が家を買ったときに、固定資産税のしくみを

調べようとして出会った文章です。

> 　固定資産とは、土地、家屋および償却資産を総称するものです。
> 　このうち、償却資産とは、(1)土地、家屋以外の事業の用に供することができる資産（鉱業権、漁業権等の無形減価償却資産は除かれます）で、(2)その資産の償却費が所得の計算上損金または必要な経費に算入されるものをいいます。（以下省略）
> 　　　　　　　　　　　　　（H市『固定資産税・都市計画税とは』）

固定資産とは、土地、家屋と償却資産の総称であることがわかります。土地と家屋はわかるのですが、ここで聞きなれない償却資産という言葉が出てきました。「鉱業権、漁業権等の無形減価償却資産は除かれます」とあり、いきなり外堀の話になり、そこが否定されます。ところが、肝心の償却資産とは何なのか、具体例がありません。そこで、ウェブサイトの別の位置にある、償却資産の説明に飛んでみます。

> 　償却資産とは、**土地、家屋以外の事業の用に供することができる資産（鉱業権、漁業権等の無形減価償却資産は除かれます）で、その資産の償却費が所得の計算上損金または必要な経費に算入されるもの**をいいます。ただし、ナンバープレートの付いた自動車等については、自動車税などが課税されていますので償却資産の課税対象からはずれます。さらには、耐用年数1年未満の償却資産または取得価額10万円未満の償却資産で、当該資産の取得に要した経費の全部が法人税法または所得税法の規定による所得の計算上、一時に損金ま

> たは必要経費に算入されたもの、また、取得価額が20万円未満の償却資産で、一括して3年間で損金または必要経費に算入される一括償却の対象とされたものも課税対象にはなりません。
> 　　　　　　　　　　　　　　　　（H市『償却資産とは』）

　自動車は、償却資産ではないことがわかります。これも外堀埋め立てです。償却資産という用語の意味がわからないのに、1年未満の償却資産は対象にならないと言われても、結局頭はぐるぐるループするだけです。この文章、償却資産の説明をしているのですから、この用語を知らない人が読者です。その読者を想定して書けないということは、相手の立場に立つ想像力が欠けているといえます。

　上記の文書を卑近な会話例で例えてみます。出世魚という概念を知らない人が、「ワラサってどんな魚？」って聞いてきたとします。「う〜んとね、40センチ以下はワラサって呼ばないんだよ〜」というやりとり、日常会話ではありえません。相手が見えているからです。ふつうは「ブリの小さいの。煮つけでよく食べる魚よ」のように一般に知られている名称で説明するでしょう。釣りマニアなら「関西でいうハマチと同じだよ（関西人向け）」「瀬戸内海でメジロっているでしょ、あれと同じ（西日本出身者向け）」のように、相手の出身県を考慮しながら答えるなんてこともあるでしょう。こういった会話と同様、文章を書く人には、読者を具体的に想定して書くという想像力が必要なのではないでしょうか。これは、外堀埋め立て構造に限らず、すべての公用文に言えることですね。

　このいつまでたっても言葉の意味がわからないという展開、宮沢賢治の作品にある「くらむぼん」を髣髴とさせる見事なレトリックです。ほめてるんじゃありません。公用文は内容を伝達するためにあります。文学作品のように言葉の世界を楽しむものと公用文は全

く違うということは大前提です（コラム③参照）。

「「くらむぼん」って何だろうね♪」
「それをあれこれ考えさせるのが宮沢文学のよさやないの〜」

なんていう会話は成立しますが、

「償却資産って何だろうね♪」
「それをあれこれ考えさせるのが公用文のよさやないの〜」

なんていう会話は絶対に成立しません。ごちゃごちゃ考えているうちに、償却資産のことはどうでもよくなってしまい検索は終了！

パラグラフ構成における日本文化？

　ここまで見てきた公用文のパターンは、日本語の言語文化的背景が関わっているのかもしれません。パラグラフ（段落）構成の議論でたびたび引用される研究者、カプラン（Robert B. Kaplan）のモデルを思い出します。アメリカの言語学者カプランは、様々な国の留学生の作文を指導する中でそれぞれの論理展開に違いがあることに気づいたそうです。英語（English）と他の言語を比較すると以下の図のようになるということです。アジア型（oriental）のパラグラフ構成のモデルにご注目ください。甲田直美氏の解説がわかりやすいので、そこから引用します（『文章を理解するとは』）。

　　「図示されているように、アジア（oriental）のレトリック構造は主題や結論を直接述べることを避け、主題の周りをぐるぐる回ります。さまざまな角度から主題が眺められますが、決して主題は直接述べられません。これは不必要な間接性であるといわれてい

ます。」 （甲田 2009、170 ページ）

英語の線状性とアジアのうずまき型 （カプラン 1972 年の論文より）

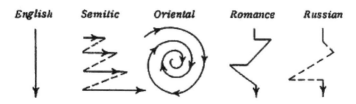

　欧米人に「不必要な間接性」などと言われると、「なんだと！アジアにはアジアのやり方があるんだよ！」と反論したくなってしまいます。また、アジアっていうラベルも広すぎるだろという批判も出ていますが、本章の公用文を見ているとカプランの仮説が当たっているような気もしてきます。

　こういった間接性は読者依存型の文章理解であることは明らかで、読み手に負担がかかるものです。読み手に類推してもらってこちらの言いたいことを当ててもらうわけですから。この手の文章、アジア人は広すぎるにしても、日本人にとっては好きなタイプなのかもしれません。ただ、わかりやすさという観点からすれば避けるべきでしょう。

両方書いたらどうなるの？

　公用文マニュアルなどで「二重否定文を使わないように」という指摘があります（埼玉県 2006、水野 2006）。「行けないことはない」のような例を想定しているようですが、本章の外堀埋めたて構造も「ある範囲じゃない部分を否定する」という意味で特殊な二重否定

文と言えます。実際には、外堀埋めたて構造(「21歳以上の方は不要です」のような例)のほうが例は多く、二重否定という名前よりは排他文という呼び方が適切ではないかという指摘もあります(庵他2011)。ここで示されている例はすべて実例です。

　定期募集以外の申込みには必要ありません
　　→定期募集の申込みに必要です
　高炉によらない製鉄業等を除く
　　→高炉を使う仕事だけ
　18歳未満又は65歳以上の労働者には適用されません
　　→18歳から64歳までの人にあてはまります

　これらの例文を並べてみて思い出すのは、昔哲学概論で習ったヘーゲルの弁証法です(皆さんが覚えているかどうかは知りませんが…)。否定を否定することでアウフヘーベンするというフレーズが頭をよぎります。ヘーゲルは婚約者へのお手紙にでも弁証法を用います。「自分はいい夫ではないかもしれない」と仮定したうえで、それを「これこれこういう理由で消し去ることができる」、「だから私はいい夫になる」ということを伝えたそうです(清水2015)。こうやって書くと外堀埋めたて構造のひどさがよくわかりませんか。公用文作成の際もなるべく避けましょう。

　ところで、外堀埋めたて構造の例文を収集してみると、以下のように、本丸を書いてから外堀部分も追加するような文章を見かけます。下線部を直線でつけたところが外堀埋めたての文ですが、波線部分も同じことを言っています。その証拠に直線部分を削除しても意味は変わりません。

> ※医療保険・介護保険の両方のサービスを利用している場合が対象になりますので、どちらか一方しか利用していない場合は対象外となります。
>
> 　　　　　（Y市『高額医療・高額介護合算制度』　下線は筆者）

こちらも同様の例です。下線が直線の部分を削除しても全体の意味は変わりません。

> Q3　自治会町内会やサークル団体には個人情報保護法が適用されますか？
> A　個人情報保護法の事業者に対する規定は通常適用されません。
> 個人情報保護法に定める義務規定が適用される事業者は、5,000件を超える個人データ（特定の個人情報を容易に検索できるように構成したデータベースの中の個人情報）を事業活動に利用している者のみであるため、5,000件を超える個人データを保有していない自治会・町内会やサークル団体は対象外となります。もちろん個人にも適用されません。
>
> 　　　　　（Y市『個人情報保護Q＆A集』　下線は筆者）

両方書けばいいというものではありません。文章が長くて読みにくくなりますし、情報が重複するのは読み手へのストレスにもなります。ここでは、必要十分なことを簡潔に書くことをお勧めしたいと思います。

この章では、外堀埋め立て構造による間接的な言い回しを見てきました。間接的な言い回しって、状況によっては正解にもなります。

例えば、言いにくいことをどうしても相手に伝えなければならないときなどです。恋人に「別れて！」ってはっきり言える人なんてあまりいません。「愛情の量が減ってきた」とか「国家試験の勉強に集中したい」とか「ジャニーズ一本で生きてゆきたい」とか、人はいろんなことを言って、別れを察してもらうのです。公用文は別れ話と本質的に異なります。**外堀項目ではなくて本丸部分をはっきりと伝えましょう。**言いたいことを察してね、なんて考えていたら誰も読まなくなっておしまいですよ。

参考文献

庵功雄・岩田一成・森篤嗣（2011）「「やさしい日本語」を用いた公文書の書き換え　多文化共生と日本語教育文法の接点を求めて」『人文・自然研究』5　pp.115-139

甲田直美（2009）『文章を理解するとは　認知のしくみから読解教育への応用まで』スリーエーネットワーク

埼玉県総合政策部国際課（2006）「外国人にやさしい日本語表現の手引」埼玉県総合政策部　https://www.pref.saitama.lg.jp/a0306/tabunkakyousei/yasasiinihongo.html

清水義範（2015）『考えすぎた人　お笑い哲学者列伝』新潮文庫

水野義道（2006）「災害時のための外国人向け「やさしい日本語」」『月刊言語』第35巻7号　pp.54-59

頭のストレッチ

以下の文書を読んで、わかりやすく書き換えてみましょう。その際、下線部分には特に注意してください。

① 使用できる人
　公民館の使用に関する基準に定めているＹ市内のサークル及び団体で次の要件を満たす場合
　１．５名以上で使用する場合とします。
　２．<u>Ｙ市民以外の使用は、通勤、通学者を除いて原則として認めません。</u>
　３．<u>小中学生のみの使用は原則として認めておりません。</u>
　　　　　　　　（Ｙ市『北部公民館』の「利用案内」より）

② Ｑ　候補者に陣中見舞いとしてお酒を贈りたいのだけど…？
　　Ａ　お酒を贈ることは禁止されています。<u>選挙運動期間に湯茶やこれに伴う通常用いられる程度の菓子を除いては、候補者および第三者が飲食物を提供することは禁止されています。</u>　　（Ａ市『選挙運動について』）

③ 許可が必要な食品（例）
・生肉、生の味付け肉及び加熱されていない生ハンバーグ等（あらかじめ包装されたもの以外は販売できません）
・鮮魚（<u>刺身及び剥き身の貝等はあらかじめ包装されたもの以外は販売できません</u>）
・牛乳、加工乳 など
（Ｓ市『食品衛生法に基づく営業許可について』の「食品を販売する場合」）

コラム③ 「伝達の文章」と「文学の文章」

　本書は公用文というジャンルを扱っています。公用文は情報を正確に伝えるための「伝達の文章」ですから、簡潔でわかりやすいことが重要です。表現世界や表現自体を楽しむ「文学の文章」とは本質的に異なります。ところが、どうもこの辺の区別がしっかりなされていない気がします。谷崎潤一郎氏は 1975 年に出した『文章読本』で、文章に実用と芸術の区別はないと言い切っていますし、本多勝一氏が 1980 年代に出した『日本語の作文技術』も似たような特徴を持っています。本多氏は、実用的な文章を対象として文学的な文章は対象としないと明言している割に、超一級のリズムとして出してくる例は、島崎藤村、夏目漱石などなどの文学作品なのです（一方で、一般市民の新聞投稿記事を「ヘドの出そうな文章」とけちょんけちょんにこき下ろしたりしているのだ）。この辺の話を詳しく分析している書籍（斎藤 2007）もあるので詳細はそちらに譲りますが、この 2 冊はとても売れており、影響力があります。ここから言えることは、文学作品を文章モデルにするような風潮が日本にはあるのではないかということです。

　話題を国語教育に向けてみます。詩人の萩原朔太郎は作文が嫌いだったそうです（辰濃 1994）。「机」というお題を出されて「机ハ木ニテ造リ、勉強ノ道具ナリ」と書いたら、丙（悪い評価）をくらったそうです。そりゃそうだろうと思った方、国語教育に毒されていますよ。「伝達の文章」として文脈さえ合えば、この文章は全く間違っていないのです。国語教育的には、「お父さんが作ってくれた机は少し傾いています。…それでもこの机が大好きです」みたいな、ある種の国語教育的正解があって、それを敏感にキャッチできる子がいい成績をとるのです。読書感想文という作文形態もある種のコツがあり、

「この本を読んで、私はこんなに変わりました」的な回答が高評価されるとのことです（斎藤2007）。書籍内容を簡潔に説明したら若き日の萩原朔太郎氏と同じ評価を受けてしまいます。やはりここでも「伝達の文章」という発想がないかのように見えます。

　試験という視点から国語を見てみましょう。試験の定番は物語文で「その時の○○さんの気持ちを答えよ」系の問題でしょう。かつて今江祥智氏の文章から試験問題が出題されました。

　兄が漕ぐ舟で無人島へ行こうとした妹は、傷ついたカモメを見つけ小島に残ります。兄が迎えに来てくれないうちに、潮が満ちてきました。ももまで海水につかりながら妹は「唇をかんで向こうの島の角を見つめた」。そのときの気持ちは？という問題です。

① 兄ちゃんを恨む気持ち
② むかえに来てくれることを願いながら、じっと耐える気持ち
③ 悲しみに沈んだ気持ち

　答えは②だそうです。おもしろいのは、この作者である今江氏に試験問題を見せたときの話です。作者曰く「私ならみんな○をつけます」と答えたそうです（辰濃1994）。このように解釈が割れ、ときには作者さえわからないような問題が出されているのです。

　もう一つ別のタイプの文章を考えます。石黒圭氏は『「読む」技術』の中で、「筆者が表現意図を表に出すことを控えている場合」と称して以下の論説文を提示しています。

　埼玉に住む不法滞在のフィリピン人一家が国外退去を命じられている問題に、蕪村の句を思い起こす。〈斧（おの）入れて香におどろくや冬木立〉。倒そうと斧を入れた木から生々しい香が立ちのぼった。生命力に打たれて詠んだ一句とされている。

一家の件では、親子という「生木」に入管当局の斧が入った。在留特別許可は認められず、父親は身柄を収容された。一人娘のカルデロン・のり子さん（13）を、両親と帰国するか、日本に残るかのつらい選択が待つ。立ちのぼるのは悲しみの香だろうか。

　のり子さんは父母の国へ行ったことはない。日本語しか話せない。「母国は日本、心も日本人」と言う中学１年生だ。両親はまじめに働いて職場や地域になじみ、偽造旅券での入国ではあったが、この国に根を下ろしてきた。

　13歳という年齢は、なかなか難しい。異国で一から出直すには日本に根を張りすぎている。だが親と離れて暮らすには、その根も幹もまだ弱い。いわば人生の早春である。両親と日本、どちらを選ぶにせよ、生木を裂かれる思いだろう。

　いつも一定の基準にものごとを当てはめる、杓子定規（しゃくしじょうぎ）という言い方は江戸の昔からあった。庶民が大岡裁きの政談に喝采したのには、そうした背景もあっただろう。法は法として貴い。だが運用の妙があってもいい。

　13日までに両親が帰国の意思を示さなければ、強制送還されるという。「家族３人で日本にいたい」とのり子さんは涙ぐむ。何とか手はないものか。彼女以外にも、同じ境遇で育ち、学ぶ子らが、日本には大勢いる。　　　（「天声人語」『朝日新聞』2009年３月11日朝刊）

　この文章、筆者の意図を理解するためにはかなりじっくりと読まなければなりません。逆に言うと、じっくり読めば意図は理解できるのです。天声人語が入試に使われる理由がよくわかります。

　ここで見てきた（時には作者ですら）解釈が割れるような物語文、じっくり読まなければわからない論説文などは、試験問題を作るのに大変ありがたいのです。試験という制度上仕方がないことなのですが、全員○になると困るのです。学生の回答が分散するのがいい試験で、

いい試験が作れるものがいい文章です。そう考えると簡潔でわかりやすい「伝達の文章」は試験問題にならないのです（ちなみに、こういった国語の試験問題がおかれた現状をパロディ化している『国語入試問題必勝法』は秀逸です）。本書の各章にある「頭のストレッチ」のような問題を出せば「伝達の文章」も試験化は可能だと思うのですが、採点は難しいでしょうね。まず「文学の文章」と「伝達の文章」をしっかり区別したうえで、「伝達の文章」は簡潔にわかりやすく書きましょう。それが本書の根幹となる考え方です。なお、本コラムは国語教育を改革せよとか主張するものではありません。現行の制度ではどうしても抜け落ちるところがあるので、みんなで注意しましょうということです。国語教育批判をするつもりなんて全くありませんからね。あしからず。

参考文献

石黒圭（2010）『「読む」技術　速読・精読・味読の力をつける』光文社新書

斎藤美奈子（2007）『文章読本さん江』ちくま文庫

清水義範（1990）『国語入試問題必勝法』講談社文庫

辰濃和男（1994）『文章の書き方』岩波新書

谷崎潤一郎（1975）『文章読本』中公文庫

本多勝一（1982）『日本語の作文技術』朝日文庫

第6章　お役所目線型
視点は市民側になっていますか？

お役所目線型で書かれている文章

　ここまでいろんな公用文を見てきましたが、多くの場合読者の気持ちを読み切れていないところが問題でした。本章で紹介する以下のような例も、読者側ではなくお役所側から見た文章です。

> 2　補助範囲
> 乳幼児等が健康保険証を使って受診した場合に、保険診療に係る総医療費（入院時の食事療養に係る費用を除く。）のうち健康保険に関する法令等の規定によって対象者が負担すべき額（自己負担する額に相当する額）から、5に記載した一部負担金の額を控除した額を補助します。
>
> （H市　『乳幼児等医療費の補助』）

　必要なコストの説明をしているのですが、市民がいくら払うのか？については触れずに、自治体がいくら補助するのか？という説明をがんばっています。本章では便宜上、国や自治体の職員さん目線をまとめてお役所目線と呼びます。一方、国民、市民、町民といった情報の受け手側の目線をまとめて市民目線と呼びたいと思います。

　市民目線でいえば、自治体が負担する額なんてさほど興味があり

ません（もちろん感謝はすべきなのですが…）。「１　対象」という項目に上記例「２　補助範囲」が続き、「３　補助方法」「４　手続き」「５　一部負担金」という流れになります。対象に続いてすぐ補助範囲（お役所が補助する金額）がきます。そもそもこういう項目があること自体お役所目線を感じますが、読者が知りたいはずの自分の費用負担（「５　一部負担金」）はずいぶん後になってからです。市民の費用負担は、入院も通院も原則500円です（無料になることもあり）。

　ここで扱うお役所目線型は、市民にとっては間接的な外堀情報を提示されるわけですから、第４章の間接的な説明、第５章の外堀埋め立て構造と共通している部分があります。もう一つ、同じような例を挙げます。やはり、自治体がいくら負担するかを書いているため、市民の負担額はストレートには伝わりません。

助成金額

施設利用料・講座受講料の２分の１の額
（ただし助成限度額は１人１年度3,000円です。）
※利用した年度中（４月から翌年３月）に申請してください。
（H市『高齢者スポーツ施設・スポーツ講座　利用料・受講料の助成』）

　自治体はこんなにがんばっているんですよ！とアピールしたい気持ちはよくわかります。職員さんたちの日々の努力を市民は往々にして理解できていないものですから。ただ、こういう文書は市民目線ではないため、何となく臭みがあります。酔っ払った上司が「俺はこんなにもお前たちのことを思って努力しているんだ！」などと力説するとちょっと嫌われるのと似ているんじゃないでしょうか。

補助金や助成金に関わる文書は、大原則として市民の支払額を最優先にして書くことです。そして補助の話は、あくまで補助的に書きましょう。

合併症は芋づる式に

次の例は少し長いのですが、基本的にお役所目線で書くとこういう文書になります。ここで指摘したいことは、お役所目線で書いているような文章は、往々にしていろいろな問題を併発して抱えており、読みにくくなるということです。

> 平成27年7月より一部（児童の方）への助成法等が変更となりました。
>
> 　ひとり親家庭等医療費受給資格証の**親用は緑色、児童用は白色**です。**市内在住の中学校3年生までのお子様については、子ども医療証が**優先されます。翌年3月に中学校を卒業するお子様がいらっしゃる場合は、3月末に新しい受給資格証を郵送します。
> 児童（白色の受給者証）の方は、窓口での支払い方法が現物給付になります。
> 親（緑色の受給者証）の方の支払い方法（医療機関で証を提示し、自己負担を支払い後、助成額を自動的に振り込む方法）は、今までどおり変更はありません。
> K市に住所があり、健康保険に加入している母子家庭・父子家庭・養育者家庭の方が病気やけがで医療機関を受診したときに、医療費を助成します。

対象	ひとり親家庭の父または母 ひとり親家庭の父または母及び養育者に扶養されている児童（満18歳になった日以後最初の3月31日まで。ただし、中程度以上の障害がある場合は20歳未満まで） （児童扶養手当同様の所得制限があり、児童扶養手当全部支給停止の方は受けられません） （子育て支援医療費助成制度における未就学児は除きます）
対象となる医療	通院分および入院分
助成額	保険診療に係る医療費の自己負担分の1ヶ月分の合計から1,000円を差し引いた額（自費診療分、健康診断の費用、予防接種代、文書料、入院の食事代、差額ベッド代等は対象外）

（K市『ひとり親家庭等医療費助成制度』）

　文末に直線・波線を引いたところはお役所目線になっています。「優先されます」のところはちょっとわかりにくいのですが、「お役所が子ども医療証という制度の適用を優先する」→「子ども医療証という制度の適用が優先される」という受け身になっており、これは能動文でも受動文でも市民目線にならないタイプです。
　細かい突っ込みどころはいろいろあります。医療費の話なのに、「現物給付」って何なのでしょう（調べてみると「減額済みのお代を払ってね」という意味の医療用語だそうです）。波線を引いているところは、一つの文の中に両者の目線が混入しており、目線のね

じれ文になっています。表中の対象の欄、カッコが多すぎて、もはや何がメインで何の説明がカッコなのかわかりません。また、表の中に、市民の負担額という説明がなく、助成額しかないのも気になります。本書ではここまで、いろいろな角度から公用文の問題点を見てきましたが、基本的に何か問題点がある文書は、合併症を含んでおり、問題点は芋づる式に見つかることになります。

語彙調査：費用負担に関わる言葉

ここで自治体公用文データベースに登場してもらいましょう。これは森篤嗣氏が「語彙から見た「やさしい日本語」」という論文で使用している約100万字のコーパス（言語資料）です。論文自体は第9章で詳しく紹介しますが、複数の自治体から分けていただいた公用文をまとめたものです。ここまで見てきたように、費用負担を論じるような文脈で、どうもお役所目線型が顕在化するようです。そこで、費用負担に関わる語彙をデータベースから抽出してみました。

「負担」が356回、「費用」が192回出てくるのですが、これはお役所側も市民側も両者が使う語彙です。そこで、お役所目線の「補助・助成」という語彙を調べてみると「234・110」で合わせて344回になります。つまりは「負担」という語彙と同頻度で「補助・助成」の話をしていることになります。まあ、公用文は「補助・助成」があるときにだけ発行されるものだから仕方がないと言われるかもしれません。そこで次の例です。

「税」という語は1475回出現します。税の話題で公用文を書くことは多いのでしょう。税がおもしろいのは、お役所的には「徴収」するものですが、市民的には「納付」するもので、語彙がはっ

きり分かれます。調べてみると「徴収」183回、「納付」164回で、僅差ですが「徴収」を基本として公用文が書かれていることになります。語の出現数だけで断定的なことは言えませんが、ここまでに見てきた例文もいっしょに考えると、どうもややお役所目線で文書が書かれているのではないでしょうか。少しずつできる範囲でいいので目線を変えていくべきでしょう。

ある制度から期待されるメリット・効果を説明するなら

　ここまでは助成や負担に関わる公用文でしたが、制度を説明するような場合はどうなるでしょうか。第4章で紹介した地デジ関連のお知らせ（『テレビについて大事なお知らせです』）には別バージョンがあります。ほとんど同じなのですが、以下のようにメリットという項目を立てているところが異なります。

地デジは今までのテレビ放送とは違う？
美しさ、やさしさ、便利さ、楽しさ、簡単さ、より進んだテレビ放送です。
　地デジは，今までのテレビ放送よりきれいな映像が楽しめるだけでなくあなたにやさしく便利な21世紀のテレビ放送です。
(中略)
メリット
地デジが完了すると電波に余裕ができ、携帯電話や無線によるサービスが充実するなどますます便利になる予定です。
　　　　　　　（総務省『テレビについて大事なお知らせです』）

「地デジが完了すると電波に余裕ができ、携帯電話や無線によるサービスが充実するなどますます便利になる予定です。」を文字通り解釈すると、電波に余裕ができるのは、国のメリットです。携帯のサービスが充実するのは、地デジを買い替える人にとって無関係です。ちらちらとお役所目線が見え隠れします。

もう一つ紹介します。マイナンバーの例です。

マイナンバー制度（社会保障・税番号制度）が始まります

マイナンバー制度（社会保障・税番号制度）は、住民票を有する全ての方に1人1つの番号を<u>付して</u>、社会保障、税、災害対策の分野で効率的に情報を<u>管理し</u>、複数の機関に存在する個人の情報が同一人の情報であることを<u>確認する</u>ために<u>活用される</u>ものです。

マイナンバー制度は、行政を<u>効率化し</u>、国民の利便性を高め、公平かつ公正な社会を実現する社会基盤であり、期待される効果としては、大きく以下の3つがあげられます。

【3つの効果】

1. 行政機関や地方公共団体などで、様々な情報の照合、転記、入力などに要している時間や労力が大幅に削減されます。複数の業務の間で連携が進み、手続きが正確でスムーズになります。

2. 添付書類の削減など、行政手続が簡素化され、<u>国民の負担が軽減します。行政機関が持っている自分の情報の確認や、行政機関から様々なサービスのお知らせを受け取ることも可能になります。</u>①

3. 所得や行政サービスの受給状況を把握しやすくなり、負担を不当に免れたり、給付を不正に受けたりすることを防

> 止するほか、本当に困っている人にきめ細かな支援を行え
> るようになります。②
> （I市『マイナンバー制度（社会保障・税番号制度）』 下線は筆者）

　下線（直線）部分がお役所目線のところです。ここで特に注目したいのは、3つの効果の箇所で、メリットの受益者が混在しています。基本的にお役所的メリットが目立ちます。下線（波線）を引いたところは市民にとってのメリットですが、波線部分①は具体的な記述がないため内容が不明です。波線部分②は、そもそもこの文書の読者がどれくらい含まれるのかわかりません（だからといって重要ではないという意味ではありません）。この制度は、そもそも国が国民を管理するところに主眼があるので、正直に書くとお役所目線になってしまうのかもしれません。しかし工夫の余地はあります。国に大きなメリットがある制度であるならば、困っている現状を説明したうえでご協力をお願いするという形にしてしまうこともできます。「業務負担が増えて、職員の労働コストが上がっています。なんとか業務削減にご協力ください」という形です。第4章の間接的な説明と同じパターンですが、地デジやマイナンバーなど市民にとってのメリットがうまく書けない場合は、このように現状を説明したうえで協力をお願いするのが一つの方法だと思います（これらは国の制度なので地方自治体の職員さんでは対応しにくいんですけどね…）。

ある制度のしくみを説明するなら

　最後に、制度のしくみ自体を説明する文章を紹介します。『後期高齢者医療制度の概要』という公用文なのですが、運営主体の説明

が非常に丁寧になされています。

> **広域連合・市町村の役割**
>
> 　制度の運営は、県内全ての市町村が加入するN県後期高齢者医療広域連合が主体となり行います。市町村は各種申請の受付や保険料の徴収などの窓口業務を行い、高齢者の利便性を確保します。
>
> | | 広域連合の役割 | 市町村の役割 |
> | --- | --- | --- |
> | 資格に関すること | 加入・脱退などの資格管理
保険証の交付決定 | 資格に関する届出の受付
保険証の引渡し |
> | 保険料に関すること | 保険料の決定
減免の決定 | 保険料の徴収
減免申請の受付 |
> | 給付に関すること | 給付（高額療養費など）の支給 | 給付の申請受付 |
>
> （N市『後期高齢者医療制度の概要』）

お役所的な理由が何かあるんだとは思うのですが、「運営主体はもはや市町村ではないんだから、窓口で文句を言うのはやめてほしい」とでも言いたげな文章です。運営主体が変わるということは、市民にとってはそれほど重要ではないと思います。なぜなら、「市町村は各種申請の受付や保険料の徴収などの窓口業務を行い」とあるところから、これまで通り窓口は同じなのです。市民目線で考えるなら、お役所のしくみが変わることで市民のやることがどう変わるのか、という点を中心にお知らせすべきではないでしょうか。

提案は…

　ここまで、補助金関連、ある制度から期待されるメリット・効果、ある制度のしくみといった内容で公用文を見てきました。**補助金よりも市民の負担額、市民にとってのメリット・効果、制度のしくみが変わることにより市民はどういう対応が求められるのか**、こういったことを優先的に書くことで、お役所目線は防げます。

参考文献
森篤嗣（2013）「語彙から見た「やさしい日本語」」庵功雄・イヨンスク・森篤嗣編『「やさしい日本語」は何を目指すか　多文化共生社会を実現するために』ココ出版 pp.99-115

頭のストレッチ

本章で提示した以下の例文は、目線がねじれていました。市民目線で統一してみましょう。

① 親（緑色の受給者証）の方の支払い方法（医療機関で証を提示し、自己負担を支払い後、助成額を自動的に振り込む方法）は、今までどおり変更はありません。

② K市に住所があり、健康保険に加入している母子家庭・父子家庭・養育者家庭の方が病気やけがで医療機関を受診したときに、医療費を助成します。

第7章　紋切り型の表現
読み飛ばしてもオッケー

伝達情報があまりない

　本章で扱う対象は、第4章で論じた間接的な説明がさらに形式化したものです。4章では、伝達情報がなんらかの理由で間接的になっていました。本章では、伝達情報がさらにぐっと薄まって、飾りのようになった文章を扱いたいと思います。以下のような文書の冒頭、あいさつのように挿入される紋切り型の文章です。いきなり本題に入るのは野暮だと考えているのか、本題だけで書くとあまりに素っ気ないからなのか、よくみかけるフレーズです。

> 寒冷の候、皆様におかれましてはますますご清祥のこととお喜び申し上げます。また、日頃より市政推進に御協力いただき誠にありがとうございます。
> 　（Y市『迷惑電話チェッカー無料モニター募集期間延長について』）

　本章で扱いたいのは、伝達情報がはっきりしている文章ではなく、形式的に書かれている文言で、文章の最後に来る例もあります。

> みなさまには大変ご迷惑をおかけいたしますが、ご理解・ご協力をお願いいたします。
> 　　　　　　（N市『○○××への立ち入り規制のお知らせ』）

「あの〜私にどういった協力が必要なのでしょうか」なんて電話をかけるような人はまずいないでしょう。これはあいさつ代わりの文章で、お知らせはここまでで終わりですよと伝えているだけです。

　ここまで見てきたように、紋切り型表現は、空間を埋めるため冒頭にとりあえず置いておく、または話を切り上げたいといった場面で使われています。ざっくり言ってしまうと、空間補てん機能、文章終了機能の二つがあると言えます。それなりに機能はあるのですが、すべてに共通するのは、紋切り型表現がなくても伝達情報はほとんど変わらないということです。

世にあふれる紋切り型表現

　ちょっと視点を変えて、世の中の紋切り型表現を拾ってみます。政治家は対立政党が作った政策を批判する際、「まだ国民的議論が足りない」と述べ、何か不祥事が起これば、「記憶にございません」と言います。訴訟を起こされた側の企業は、「訴状を読まないとわからない」と言い、論文の中で、ここはどう考えても怪しいなあという論点は「今後の課題とさせていただく」とあり、バンドが解散するときは「音楽の方向性が違った」、芸能人の離婚は「生活上のすれ違い」で別れてしまいます。武田砂鉄氏は、紋切型社会というキーワードで日本社会を分析していますが、その中でも芸能人の熱愛や不祥事の際、事務所は決まって「担当者が不在のため」と言って逃げると説明しています（『紋切型社会』）。余談ですが、かつて私の好きなバンドからキーボードの男性が脱退した時、「これから育児に集中したいから」という理由でした。紋切り型を避けようとしている姿勢にちょっと好感を持ってしまいました（脱退は悲しかったけど…）。

紋切り型表現に対して「だいたい国民的議論が満ち満ちた状態っていつなんだよ!」とか「バンドメンバーの方向性が完全に一致するときなんてあるの?」なんていう突っ込みはご法度ですよね、紋切り型表現なんだから。これらの表現の意図としては、これ以上深く突っ込まれても困るからさらなる質問は受け付けないんだけど、何も発言しないといろいろ批判されるから何か言っておく必要がある、というものでしょう。ここでも空間補てん機能、文章終了機能が活躍しています。これ以上は問い詰めないでください、っていうメッセージを発しているわけです。紋切り型はある意味大変便利なのですね。

困っている外国人

これらの紋切り型表現、日本語に慣れている人にとって対応は簡単です。読み飛ばしてしまえばいいのです。ところが、日本語に不慣れな外国人の方にはどうでしょうか。紋切り型は文章理解における異文化コミュニケーションを考えるための最適の材料です。日本語の文書は意味不明の決まり文句が時おりあいさつ代わりに使われること、そこは読み飛ばしてしまってもいいこと、なんていう知識が必要となります。R.シュルテ氏は、紋切り型表現を一生懸命読もうとしている外国人の姿を描いています(「外国人の目で見た日本語の公用文」)。勤務先から受け取る依頼書には、

　ご関係の先生方へ何卒よろしくご鳳声のほど…
　事情をご賢察のうえ、まげてご理解くださいますよう

などという文言があり、それらを漢和辞典で調べながら一生懸命、文章を読むそうです。ところが、これらの文言には実質的な意味が

あまりないため、理解は非常に大変だろうと推察します。この方の外国人仲間のコメントとして、挨拶文は最初から読まずに飛ばしているというものも紹介されていますが、日本で暮らす外国人は非常に大きな労力を払って、公用文を読もうとしている（人もいる）のです。

　学校現場に目を向けます。文部科学省の調査によると、日本語指導が必要な児童生徒の数は3.11の震災後一時減りましたが、すぐに上昇傾向に転じています（『日本語指導が必要な児童生徒の受入状況等に関する調査（平成26年度）』）。外国籍に限らず、日本語指導が必要な日本国籍の児童生徒数も一貫して上昇傾向にあります。彼らの親（両方または片方）の母語は日本語ではありませんので、お知らせ類を読むことは大変です。ちょっと想像してみてください。「天高く馬肥ゆる秋と言いますが、…」なんていうフレーズがあれば、外国人の父（か母）は、「天」「馬」「肥ゆる」を一生懸命辞書で引くわけです。そして、文をつなげて全体を理解しようとしても、なかなか話はつながりません。

　ちなみに、こういった現状を受けて、お知らせ類のどういうところは読み飛ばしてもいいのかを分析している研究があります。また、学校配布物では大事な情報がわらばん紙に書かれており、表面がつるつるのきれいなプリントは広告なので読まなくてもよろしいなんていう指摘もあります。まだ実用段階ではありませんが、これら興味深い研究の発展を願ってやみません。一方で、書き手がもうちょっと意識をすれば、外国人にも住みやすい国になるのではないでしょうか。少なくとも、辞書と首っ引きで公用文を読んでいる人の姿を想像するだけで、書く文章が変わっていく気がします。

道具的機能と装飾的機能

　言語には道具的機能と装飾的機能があります。道具的機能とは、それを使って何かメッセージを伝達したいというものです。情報を伝達するための公用文は基本的にこの機能を発揮すべきものです。一方、装飾的機能とは、それを使うことでおしゃれに見せるための機能です。例えばTシャツに「US Army」とか書いたジャンパーを着ている人は（おそらく）かっこいいと思って着ているのでしょう（かつてイスラエルで上記のジャンパーを着て拘束されてしまったバックパッカーがいました）。フランス語やイタリア語を使ったお店の看板なども装飾として使っています。日本社会の超マイノリティーであるフランス人やイタリア人だけをお客のターゲットにしているとは到底考えられないからです。

　本章で扱う対象は、この装飾的機能を強く持っている文章だと考えられます。公用文に100％装飾としての表現なんてのはありませんが、その割合の高いものはあります。要は、スペースが空いているから何か文字で埋めたい、かといって実のある情報は特にない、こういう状況でスペースを埋めるために（装飾として）出現するのです。このような装飾的機能と相性がいいのが、本章の最初に挙げたようなあいさつの文章です。あいさつ文は、お知らせの類によく使われます。冒頭に挙げた『迷惑電話チェッカー無料モニター募集期間延長について』は、自治体から各自治会長へあてたお知らせ文書の一部でした。ここからは学校が作成しているお知らせに注目してみます。学校のお知らせは、直接家庭とやりとりをする情報伝達手段であり、子を持つ親にとっては非常に重要な情報です。

「遠足のお知らせ」分析

 紋切り型表現も、短い例であればそんなに目くじらを立てなくてもスッと読み飛ばせます。ところが学校のお知らせになるとそうはいきません。長めの紋切り型表現が現れます。ここでは、遠足のお知らせを取り上げます。遠足のお知らせは必ず以下のようなあいさつから始まります。

> 　春も半ばを過ぎ，保護者の皆様におかれましては，益々ご健勝のこととお喜び申し上げます。新学期を迎え，○○高校最後の生徒たちも順調に学校生活をスタートさせました。今年は進路を決定すべき大事な1年であり，生徒それぞれの目標達成に向けて教職員一丸となって努力いたす所存です。今後とも本校の教育活動に，ご理解・ご支援を宜しくお願いいたします。さて，春の遠足を下記のとおり計画しました。
> 　　　　　　　　　　　（I県立T高等学校『春の遠足について』）

 この部分、具体的な伝達情報はほぼゼロなのではないでしょうか。厳密な意味ではもちろん伝達情報はあるんでしょうが、「進路を決定する大事な1年」「教職員一丸となって努力いたす所存」などは、遠足とあまり関係がありません。この「お知らせ」という状況においては、伝達情報がないということです。手元に6種類の遠足のお知らせがあるのですが、すべてにこのような紋切り型あいさつが載っています。空間補てん機能が活躍しており、内容は二の次でいいから形だけは整えておきたいという形式重視の思想が見えます。

 ここで本章が検討しているのは、どうすれば情報をシンプルに伝達できるのか、という点です。当然、文書から品がなくなるとか、

あまりにぞんざいな言い方であるといったご批判が出ることは承知のうえでの極論と考えてください。わかりやすさに特化するなら、こんなのはなくてもいいのではないですかという提案です。

　もう一つ遠足のお知らせに共通する紋切り型表現は、遠足の目的です。

> 美しい〇〇の大自然にふれながら、目的地までの道を歩き通すことを通して、自然を愛する心を育て、ふるさとの歴史に関心をもつとともに、心身を鍛え、学年相互の友情を育てる。
> 　　　　　　　　　　　　（Ｉ市立Ｈ小学校『春の遠足のお知らせ』）

　個人的な意見かもしれませんが、遠足にわざわざ目的説明がいるとは思えません。書くとしても、もう少しシンプルに「他学年の友達を作りましょう」くらいでいいのではないでしょうか。どのお知らせにも目的があり、時には数項目にわたって箇条書きをしているものもあります。

　「お父さん、お金が欲しいんだけど…」
　「何のために使うのか、ちゃんと説明しなさい」

なんていう会話は親子あるある会話でしょうが、

　「お父さん、遠足に行きたいんだけど…」
　「何のための遠足なのか、ちゃんと説明しなさい」
　「はい、このプリント見て」

なんて状況があるとは思えません。惰性で文字量を増やしてしまうなら、ちょっと立ち止まりましょう。お知らせは、行き先と日時、持ち物に集合時間、あとは緊急連絡先くらいのシンプルなものがい

いと思います。

あいさつ文に要注意：紋切り型の発展形

あいさつのような文章が装飾的機能を持ちやすいことを見てきました。あいさつ文というのはとても曲者で、ほんとうにひどいものもたくさんあります。存在目的としてはそこに何かがあればいいわけで、どんどん装飾的になる素質をそなえています。例えば、以下の首都大学東京発足時の学長あいさつです。内田樹氏は、「いみぷー（全く意味がわからない）」と切り捨てていますが、まさに芸術作品です（『街場の大学論』）。伝達情報がほとんどないのに、よくぞこれだけの長文が書けるものだと感心してしまいます。ちょっと長いのですが全体の半分くらい引用します。

> **首都大学東京発足に関わるN新学長のあいさつ**
> 「このたび、計らずも首都大学東京の学長を2005年4月からお引き受けすることとなり、今更ながらその責任の重さをしみじみと嚙みしめているところです。 明治以来、欧米流の学校教育が導入され、それまでの日本文化に基づいた学校教育の基礎の上に殆ど毎年改廃があったと云ってもよい程激しい改革が行なわれ、その結果、相当評価される境地に達することが出来たことが、明治以降の日本の大躍進を呼び起したと云えるのではないでしょうか。正に米百俵であったのです。
> しかし、その後、全く新しい発想の下に出発していた私立大学ですら、一様に東京大学をその理想として画一化がはじまりました。特に戦後の新制教育が導入されてからは急速に進められたのです。差異の表現は只一つ、偏差値でした。

> そもそも、公立大学は地元が欲する人物を養成する目的で、地元が設立したものです。東京は、長い間、日本の首都機能を果して来ました。そのノウハウは膨大なものがあります。そして今、日本の中のみならず、アジア全体が都市化に狂奔しています。此の時に当って、東京は、その経験を人間的でありながら、効率化を実現する新しい都市構成を形成させるべき人材の養成と手法の向上に努めるべきではないでしょうか。
> （後半省略）

　この学長、所属専門分野ではとても有名な方です。また、学長就任時に高齢だったこともあり、これが本人の文章力をどの程度反映しているものかはわかりません（口述筆記の可能性もあります）。それにしても、誰か職員がウェブサイトにアップしているわけで、こんな文章を新大学のオープニングで載せてしまうのですから、あいさつ文はなめられたものです。
　もう一つ違うタイプのあいさつ文を紹介します。ネット上で話題になった某IT企業の代表あいさつ（の一部）です。

> **これが我々のリアルです**
> ○○（←会社名が入ります）におけるリアルとは？
> それは限りなくフリーダムでアジャイル、そしてイノベーティブなものだと考えています。シュリンクされたバジェットをどのようなスキームで獲得していくのか、そのオポチュニティマネージメントこそが鍵です。挑戦を続ける事によりPDCAを回し、常にイニシアチブを取りながらインタラクティブに物事を考え、オーソライズしていく。○○のリアルとはそういった想いの先にあるものなのです。ジャストアイデア

> ですが。　　　　　　　　　　　　（『第8期 代表あいさつ』）

　さすがに公用文でこのレベルはありませんが、本当に何を言っているんだか…。なお、江國滋氏は、S市役所職員のひどいあいさつを紹介しています。「イベント、ソフト、コンセプト、ヒューマンスペース、サバイバル、アーバンライフ…」と外来語ばっかりで「自分のことばというものが一つもない」とのこと（『日本語八ツ当り』）。ご注意ください、自分や身内のことにはなかなか気づかないものです。

　以上、見てきたようにあいさつ文は気を抜くとついつい装飾的になる傾向があるというものでした。ここまでひどいものはなかなかないとしても、あいさつ文を書くときにはご注意ください。

情報はシンプルに

　本章で提案してきた内容は、読者によっては賛否が分かれるものかもしれません。紋切り型表現にはそれなりの機能があることを認めてきましたし、「社交辞令的に空白を埋めることで文書の形式を保つのであれば、とりあえず置いとけばいいんじゃない？」っていう意見も正論かと思います。ただし、私のように外国人支援に関わる人間からすると、空間補てん機能には違和感を感じます。困る人が必ず出てくるからです。今や国際化が進み、さまざまな属性の方へ情報を伝達する時代が始まっています。情報伝達をシンプルに行うということは、世の流れだと思います。**一度、紋切り型表現をやめてみると、文章はすっきりしますよ。**

　最後に紹介するのは、動物園の檻に関する研究です（尾上1999）。動物園の檻にある注意書きって、まさに紋切り型表現の独壇場です。

「この動物は季節により獰猛になることがありますので，手すりから身を乗り出して手や顔をオリに近づけますと…」なんていう長い文が用いられています。ところが，神戸にある王子動物園の注意書き（子供向けエリアの檻だけですが…）は非常にシンプルに注意が書かれています。たった一言。

「かみます」

う〜ん、とってもシンプル。

参考文献

内田樹（2010）『街場の大学論』角川文庫

江國滋（1993）『日本語八ツ当り』新潮文庫

尾上圭介（1999）『大阪ことば学』創元社

武田砂鉄（2015）『紋切型社会　言葉で固まる現代を解きほぐす』朝日出版社

文部科学省（2015）『日本語指導が必要な児童生徒の受入状況等に関する調査（平成26年度）』http://www.mext.go.jp/b_menu/houdou/27/04/1357044.htm

R. シュルテ・ベルクム（1985）「外国人の目で見た日本語の公用文」『言語生活』408号 pp.44–49

引用ウェブサイト

『第8期 代表あいさつ』
　http://liginc.co.jp/company/message

頭のストレッチ

以下の文章を読みながら、なくてもかまわない部分(削除しても伝達情報は変わらないと判断した部分)を線で消しましょう。

遠足について(お知らせ)

　日増しにさわやかな風が心地よく感じられる頃となりました。平素より本校教育の推進につきまして、格別のご理解とご協力をいただいておりますことに感謝し、厚くお礼申し上げます。さて、本年度の遠足を下記のように実施します。つきましては準備物等ご確認の上、ご協力いただきますようよろしくお願いします。

1　期日　平成〇〇年6月30日(金)雨天決行
2　行事のねらい
　・学習の場を校外にうつし、秋の自然に親しむとともに、学校環境と異なる雰囲気のなかで、人間的理解を深める。
　・学年や縦割り班による集団活動を通して交流を深め、協力性、助け合う心を養い、集団のきまりや公衆道徳を守り、楽しい遠足にする。
3　行き先
　〇〇丘陵公園　☎ 0×××－72－7000
　(〇〇県〇〇市〇〇町4－10)
4　日程
　※児童は普通どおり登校します。
　　　8時30分　　　〇〇小学校発(貸切バス)
　　　10時30分　　　丘陵公園着

```
            １０時４５分～  体験活動（もの作り）
            １１時３０分～  レクリエーション活動
            １２時００分～  昼食
            １３時００分～  班活動や自由遊びなど
            １４時３０分   丘陵公園発
            １６時３０分   ○○小学校着
 5   経費    1,600円    ※９月の集金日に経費を集めます。
 6   服装    体操服（半袖・半ズボン・制帽）
            ……体調・天候により長袖体操服上着を着用し
            てもよろしい。
 7   持ち物   リュック・弁当・水筒・敷物・ナイロン袋・
            ハンカチ・ティッシュ・(雨具)
            おやつ（300円以内で各自購入）
 8   緊急連絡先   ０９０－××××
```

コラム④ 「やさしい日本語」考

　本書のタイトルにもある「やさしい日本語」というキーワードは、もともと外国人向けの情報伝達に必要なものだと考えられていました。阪神淡路大震災のとき、外国人への情報伝達がうまくいかなかったのです。在住外国人の多くの人には英語が通じないこと、日本語そのままでも通じないこと、こういった現状を踏まえて「やさしい日本語」という発想が一気に広がりました。ところが「やさしい日本語」の普及とともに、実際には外国人だけではなく難解な日本語に困っている人はたくさんいることが明らかになってきました（庵他編2013）。NHKが子どもと外国人向けに始めたやさしい日本語による情報発信サービス「NEWS WEB EASY」も、実際には、子どもや外国人以外の様々な人が利用していることがわかっています。ここでは「難解な公用文」がどんなニュースになっているか新聞から拾ってみることで、「やさしい日本語」の重要性を浮き上がらせてみたいと思います。

高齢者対応職員の苦労

　「後期高齢者医療制度：お年寄り悲鳴　難解書類、どっさり」（毎日2008年8月15日朝刊）の記事は、第4章で紹介しましたが、難解な文書が届くと高齢者は困ります。私が今研修を担当している自治体でも、「やさしい日本語」は外国人のために必要であるという前提で行います。ところが蓋を開けてみると、高齢者担当部署、特にその窓口職員さんが多く集まってくださいます。お話を聞いてみると、外国人対応ではなく高齢者の方に公用文が伝わっていないために対応に苦慮しているということです。発想を変えてみれば、公用文をわかりやすくすると、窓口対応に時間を取られてしまう職員さんの労力が削減できるということです。

翻訳者の苦労

「人と人結ぶ架け橋　外国人の生活支援」(朝日 2008 年 1 月 5 日朝刊)の記事の中で、公用文を英訳している外国人担当者の嘆きが書かれています。まず、もとの日本語を理解するだけで非常に時間がかかるというのです。同種の話は、自治体の外国人スタッフが声を揃えておっしゃいます。彼らの多くは時間給で働いておられますから、翻訳に手間がかかればかかるほどコストが発生します。

自治体の研修でたまに実演するのですが、難解な公用文をそのままグーグル翻訳に入れてみると、めちゃくちゃな英語が出てきます。そもそもの意味が取れないもんだから、出てくる英語もひどいものです。元の文をちょっと私が書き換えてから翻訳して見せるとそれなりにわかる英語が出てくるのです。こういった点から考えても、わかりやすく書いたほうがいいのです。翻訳にはコストがかかりますから、短時間でどんどん書き換えられる（グーグル翻訳ですら書き換えられる）日本語のほうが、コストを削減できることは明らかです。

国際対応関係者の苦労

間接的であったり、無駄に長かったり、こういう公用文に慣れてしまっていると、ついつい国際的な書類にまでその癖が出てしまいます。公用文が難解なのは日本だけの問題ではありませんが（コラム②）、国際的なやりとりは、文章の機能をはっきりと示さなければ全く伝わりません。文化的なバックグラウンドが違うわけですから。一例を挙げますと、平泉の国際記念物遺跡会議への登録が延期されたというニュースです（「「浄土思想」現状とズレ　平泉の「登録延期」勧告、西村・東大教授に聞く」朝日 2008 年 5 月 31 日朝刊）。これは世界遺産登録の前段階でいったん拒否された形になるそうです。理由は「推薦書の論理が見た目で実感できない、わからないという単純な疑問から出た結論だと思います（西村幸夫・東大教授談）」と指摘されています。

同様の出来事は洞爺湖の世界ジオパーク会員認定に際しても起こっています（「世界ジオパーク会員認定書届く　山中・壮瞥町長「改善取り組む」」朝日 2009 年 12 月 11 日朝刊）。こちらはなんとか認定は通ったのですが、今後の改善点が指摘されていたというニュースです。改善点の一つが「難解な専門用語が使われている看板などの改善」だということです。ついつい公用文の癖が出てしまうのではないでしょうか。

　以上、「難解な公用文」がいろいろな形でニュースになっていることを見てきました。ここまで本書ではたくさんの公用文をお見せしてきましたから、飛ばさずに読んでくださった方には、その難解さが十分伝わっていることと思います。また、このコラムの3点はすべて経済的な影響が出るものばかりです。裏返せば、「やさしい日本語」には経済効果があるということになります。コミュニケーションを円滑にして、風通しのよい社会を目指しましょう（コスト削減のおまけまで付いてきますよ）。

参考文献
庵功雄・イヨンスク・森篤嗣編（2013）『「やさしい日本語」は何を目指すか　多文化共生社会を実現するために』ココ出版

第8章　法律文の借用
硬いです

硬い文章との出会い

　最初に紹介したいのは、以下の硬い文章です。もし今お時間があるようなら、じっくりと読んでみてください。本当にスルメのような、噛めば噛むほど解釈が出てくる不思議な公用文です。もし、お時間がない方は、読まないでください。この文章から伝達内容は全く伝わりません。答えがないのです。これは、私が公用文に興味を持つきっかけになった文章でもあります。

申し込み資格

入居者が60歳以上の方又は昭和31年4月1日以前に生まれた方であり，かつ，同居し又は同居しようとする親族のいずれもが60歳以上の方若しくは昭和31年4月1日以前に生まれた方又は18歳未満の方である世帯。

（H市『県営住宅入居者募集』）

　当時まだ子供もいなかった私と妻（日本語教師）は、この文章をめぐり、どういう解釈が可能なのか、ず〜っと話し合いました（当時は本当に暇だったんだな）。私の解釈と妻の解釈は異なり、かつ考えればどんどん新解釈が出てきます。

　いくら話し合っても埒が明かないため、夫婦の新婚生活に不穏な空気が流れ出しました。そこで私は思い切って市の担当課に電話を

かけたら、課長さんが出てきました。

「あの〜今手元に『県営住宅入居者募集』という書類があるんですが、この部分どういう意味でしょうか？」
「(相手も同じ文章を読んでいる……) さあ〜私もちょっとわかりかねます」
「いやいや、お宅が作成した文書ですよね」

本当にびっくりしました。世の中には作成した部署の人もよくわかっていない公用文が存在し、それが堂々と流通しているなんてことが実際にあるのです。電話のやりとりから察したのか、この文章を執筆した本人（若手職員）が受話器を取って割り込んできました。その人から、「入居者が60歳以上の方又は昭和31年4月1日以前に生まれた方」というのは「53歳以上の人（質問した当時の計算です）」という意味になるんだと説明されました。

「だったらそう書けばいいんじゃない？」

と言いたくなる気持ちをぐっと抑えて事情を聞いてみると、これは2つの法律を背景として、それらの文言を単純にくっつけて作成したようなのです。いわゆるコピー＆ペースト（文言の切り貼り）を2回繰り返したのです。老舗のうなぎ屋さんのタレのごとく、何度も作り重ねていく過程でこの深みのある文章ができあがったと言えます。一応自治体職員さんの名誉のために言っておきますが、ここまでのひどい文章は、めったに見つかるものではありません。ただ、法律のコピー＆ペーストは各地で目につきます。本章のテーマはこういった法律文を背景とした難解公用文です。

このタイプが多いジャンル

　この法律文は、全ジャンルに現れるわけではありません。いかにも法律コピーだなあという文章を集めてみると、福祉関連や税金関連が多いことに気が付きます。本章では福祉関連の例を見ていきましょう。冒頭の例は、県営住宅の入居に関するものでしたが、次の例は保育園の入園基準です。

入園基準について
1　昼間に居宅外で労働することを常態としている場合
2　昼間に居宅内で乳幼児と離れて日常の家事以外の労働をすることを常態としている場合
3　妊娠中であるか又は出産後間がない場合
（4以下省略）　　　　　　　　　（H市『保育園の入園について』）

　この文章が法律文臭いのは、明らかに日常会話では言わないフレーズがあるからです。

　「（ゼミ生に向かって）○○さんは、昼間に居宅外の塾で労働することを常態としているの？」

なんていう質問、絶対にしません。きっと読者の皆さまもそうでしょう。「昼間に居宅外で労働することを常態としている場合」のところは、「昼間、外で働いている人」と言ったほうがよほどわかりやすいのではないでしょうか。後で述べますが、名詞の数と文章の硬さは相関があります。この文章が硬くて法律文臭く、話し言葉では言わないというのは直感でわかりますが、その背景には名詞の多さ（「昼間、居宅、外、労働、常態、場合」）があります。

もう一例紹介します。これも福祉系で「特別児童扶養手当」についてです。この自治体、非常に HP が工夫されており、大事なトピックは QA 方式になっているんです。

質問 特別児童扶養手当について教えてください
回答 〔対象者〕身体・知的・精神に障害がある 20 歳未満の児童を養育している方です。（身体障害者手帳の 1 ～ 3 級もしくは 4 級の一部、または療育手帳 A もしくは B の一部の方が、基準に該当するおおよその目安です。）
ただし、次の場合には手当が受けられません。
ア　保護者本人などの前年の所得が一定限度額以上の場合
イ　障害児が施設に入所している場合
ウ　障害児が障害を事由とする公的年金を受給することが出来る場合
　詳細は、【障害福祉課】にお問い合わせください。
（注：この後〔手当額〕〔必要書類〕〔窓口〕という見出しが続いていく）　　　　　　（K 市『特別児童扶養手当について教えてください』）

残念なことは、せっかく QA 方式なのに、全く話し言葉っぽくないのです。どうみても法律文を貼り付けた感じがします。しかもよく見ると、Q と A がかみ合っていないのです。手当てを聞いているのに、いきなり手当てを受け取れる対象について話しています（手当額はこの後で出てきます）。まあ、この手のずれた QA は研究者が集まる学会会場でもしばしば見かけるのですが、文字化すると大変違和感を感じます。

福祉系公用文は往々にして、行政サービスの説明が書かれているものです。その際、そのサービスが受けられる条件の背景には法律

があります。ここまで見てきた例もその条件を書いたものでしたが、福祉系の公用文と法律は関係が深く相性がいいのです。

法律文の特徴：ポイントは名詞化

　「水をたくさん飲んでください。熱中症を防ぐことができますよ」という文章を「水分補給は熱中症予防に有効です」と言い換えてみましょう。突然硬くなった気がしませんか？「水分、補給、熱中、症、予防、有効」と名詞を連続してつないでいることにお気づきでしょうか。こういった操作を名詞化と呼びます。英語の文章作成などで議論になる nominalization という概念ですが、これによって日常的表現を学術的表現に言い換えることができます（佐野 2007）。日本語の場合はなおさら、名詞化が効いてきます。上記の通り、名詞化を行うと漢語が連続するようになるからです。法律文はこの名詞化をフル活用しています。第9章で扱う専門用語も名詞として入り込んできますから、なおさら硬くなっていきます。

　文中の名詞の数を数えてみると文章の硬さがわかります。例えば児童文学なら、平均一文に名詞の数は4程度です。ところが白書は16程度、法律文となると19も名詞が使われています（岩田他 2015）。「水をたくさん飲んでください。熱中症を防ぐことができますよ」には、文が2つありますが名詞は3つなので、一文当たり1.5となり、かなりやわらかい文章になります。「水分補給は熱中症予防に有効です」では、一文に名詞が6つあります。上の文章よりはずいぶん硬くなるのが数値でわかります。ただ、この程度では白書や法律文には全く及びませんね。日本弁護士連合会会長のコメント（『外国人の非熟練労働者受入れにおいて、外国人技能実習制度を利用することに反対する会長声明』より）の一文を取ってくるとこん

な感じになります。これで一文ですよ。お時間のある時にでも名詞の数を数えてみてください。

> 技能実習制度については、実習生による日本の技術の海外移転という国際貢献が制度目的として掲げられながら、その実態は非熟練労働力供給のための制度として運用されており、その名目上の目的ゆえに受入れ先である雇用主の変更が想定されておらず、受入れ先を告発すれば自らも帰国せざるを得ないという結果を生んでしまうことにより、受入れ先との間で支配従属的な関係が生じやすい。

この例を見ていただければわかるように、一文が長いと当然名詞数は増えます。逆に言えば、文を細かく切って短くしていけば、一文あたりの名詞数は下がっていきます。ちなみに新聞の短評を書いていた辰濃和男氏は、自分の経験を踏まえて、一文は平均30文字から35文字を目安にしていたとされています(『文章の書き方』)。他にも、40文字以内なら大丈夫であるとか、40〜50文字以下にすべきであるとか、いろいろな方がいろいろな指摘をされています(斎藤2007)。書いた文章の一文当たり文字数をいちいち数えるのは大変ですから、だいたいの目安として頭に置く程度でいいでしょう。なお、一文が短ければいいというわけではないことを丁寧に論じている書籍もあり(『よくわかる文章表現の技術I』)、何ごとも、ほどほどが大切です。

名詞だけではなく、法律文には接続詞にも特徴があります。井上ひさし氏は元公務員ですが、『ニホン語日記』の中で「あるいは、または、もしくは、ないし」の使い方に厳密なルールがあることを紹介しています。つまり、こういった接続詞を厳密に使うことに

よって文章の二重解釈を防げるようになっているのです。続けて井上氏は、これらのルールをしっかり守ることで情報伝達が行われていることを指摘しつつ、使い方が下手な例として日本野球機構発行の野球協約を挙げています。つまり、法律文を真似して失敗しているものも世の中にはあるのですね。下手に真似はしないほうがいいということでしょう。そもそも一般市民にしてみれば、接続詞の使い分けルールなんてわからないわけですから、こういった接続詞は使わないにこしたことはありません。公用文に法律文をコピー＆ペーストすると、名詞の多さや特徴的な接続詞使用などにより痕跡が残ってしまいます。「あるいは、または、もしくは、ないし」などで検索をかければ一発でばれますよ。ご注意ください。

そもそも法律文は変わらないのか

　法律文が難解であることは間違いありません。日本弁護士連合会会長のコメントを上で紹介しましたが、とても硬い文章で書かれています。こういった文章自体がわかりやすくなれば、当然公用文も連動してわかりやすくなるはずです。実際に法律文がわかりやすくなる可能性はあるのでしょうか。札埜和男氏は国語教育の一環として、判決文を中学生に書き直させてみたそうです（『法廷はことばの教室や！』）。学生は「相当である」に対して「ちょうどいい」のような代案をだして、わかりやすくする試みをしました。興味深いのは法曹関係者を呼んで議論をしたときの話です。中学生の提案した書き換え案はことごとく意味が異なるからという理由で元に戻されたというのです。ここからわかることは、関係者が法律文の文言にそれだけこだわりを持っている以上、そう簡単にわかりやすくはならないだろうという悲しい予測です。ちなみに札埜氏は同じ本の中

で非常にわかりやすい判決文を書くイギリスの判事を紹介されています。やる気があればできるのです。裁判員制度の普及が一つのきっかけになることを祈りましょう。

法律文の効果：有無を言わさぬ説得力

　法律文は一般の人にとって難解でよくわからないものです。ただし一般的には、よくわからないけれど大事な情報であると解釈されます。ここに法律文の威圧力や説得力が生まれるのです。悪用しようと思えばいくらでもできます。先日私のところに届いた詐欺メールなんかこの典型です。

　既に，プロバイダよりあなたのメールアドレス ○○××@kakinotane.ne.jp は取得済みです。本件を無視する，あるいは，誠実な対応が見られない場合は，即刻，刑事告訴■民事訴訟に関連する法的措置行使を実施します。一切の妥協を許さず，徹底的に調査し対応致しますので悪しからずご了承ください。できるだけ和解し穏便に解決を望みますが，それはあなたの返答次第です。

　なお，このメールは，民法 467 条に基づく債権譲渡及び未納料金支払い電子通知（電子通達）に依って正式に認められている，電子情報を含む公的な通達内容です。

2015 年 11 月 02 日
民法（か）（3771-831）

　この法律文が持つ力を公用文執筆者はよく理解しなければなりません。中身はうやむやのまま有無を言わさぬ説得力だけで相手を煙

に巻こうとしていませんか？　井戸まさえ氏による『無戸籍の日本人』は無戸籍の人が戸籍を取得する大変さを追跡したルポですが、非常に印象的な（嫌な）自治体職員さんが出てきてこう言います。

> 「そもそもの話ですが、このケースには、住民票は出ませんよ。あなたは民法772条には当たらないから。総務省の通知には772条該当者に対象を限るって書いてあるでしょう。」

発話の相手は、法律知識などない一般の人です。法律が持つ有無を言わさぬ説得力を非常に心得ている人の発話だなあと思います。こんな人は例外だろうと思うのですが、公用文に法律を混ぜていく心理は同じようなところからきています。突き詰めていくと本質的に詐欺メールと同じなのです（突き詰めなければ全く別物ですけどね）。

政治家の公約も漢語が多く（井上1996）、それは結果的に名詞が増えて法律文に近い構造になっていることを意味します。ここでも中身はうやむやにしつつ相手を意のままに操作してしまう機能を狙っているとしたら怖いなあと思います。日本の政党のマニフェストを分析した論文があるのですが、この名詞化をフル活用することで、説得力を増すだけでなく、責任主体をあいまいにできるという効果も指摘されています（Sato and Barnard 2013）。

提案は…

公用文に法律文が見え隠れすることをここでは見てきました。また、福祉関係を中心に法律文寄りの公用文を概観し、特徴としては名詞が多いことも見てきました。法律文には有無を言わさぬ説得力があり、相手を煙に巻いてしまう効果があることも確認しました。

それでは、こういった法律文の混入を避けるにはどうしたらいいでしょうか。

コピー＆ペーストのそのまま提示をやめましょう

この一点につきると思います。もちろんコピペ（コピー＆ペーストの略）をしてから引用文を作ったり、コピペを元に修正していくということはあるでしょう。ただ、自分で消化せずにそのまま載せるのはやめたほうがいいですね。文章が難解になるという問題点だけではありません。コピペはバレると非常に不細工です。ここで改めて理化学研究所のSTAP細胞問題を蒸しかえす必要もないのですが、コピペがきっかけで大きく世論が動きました。とても恥ずかしいことであると認識しましょう。某自治体のサイトで「図のように〜」なんていう文言があるのに、図が載っていない文章があります。コピペをした文章を推敲もせずそのまま載せたのでしょう。まじめに読んでいる人はちょっと混乱するでしょうが、「私は手を抜いています」ってことを大っぴらにアピールしてしまっています。

話を法律文に戻します。本章で何度か登場している井上ひさし氏（元公務員）は「（公務員の）仕事の半分は、本省からくる文書の受付と解読である」などと指摘されています。本省からの文書には法律関係の文書もたくさんあったことでしょう。「公用文はなるべく法令に近づけて書け」というのが当時の公務員の第一の心がけだったとも言っています（『ニホン語日記』）。井上氏が公務員をしていた時期を計算してみると1950年代になりますが、今も昔も公務員に必要な能力（の一つ）は法律理解能力であることに変わりはありません。それは採用試験を見れば一目瞭然で、法律文を読みこなす能力がその採用条件になっているのです。

このように考えると、法律文を読みこなせる職員間で流通するよ

うな文書は法律文まみれだろうがなんだろうが全く問題はないのです。大事なのは、市民に向けて書く場合です。公用文には職員同士で流通するようなものと市民向けに書くものがある、という認識が大事なのではないでしょうか。そのうえで、**市民向けのものに限って法律文の痕跡を残さない努力**が必要なのです。

参考文献

石黒圭(2004)『よくわかる文章表現の技術Ⅰ　表現・表記編』明治書院
井戸まさえ(2016)『無戸籍の日本人』集英社
井上ひさし(1996)『ニホン語日記』文春文庫
岩田一成・森篤嗣・松下達彦(2015)「『やさにちチェッカー』―公用文の難易度を指標化するシステムの開発」『日本語教育学会秋季大会予稿集』pp.407-408
斎藤美奈子(2007)『文章読本さん江』ちくま文庫
佐野大樹(2007)「学術的表現への言い換え―教育現場での選択体系機能言語理論」『日本語学』第26巻13号 pp.60-71
辰濃和男(1994)『文章の書き方』岩波新書
札埜和男(2013)『法廷はことばの教室や！　傍聴センセイ裁判録』大修館書店
Sato K. and Barnard C. 2013 Nominalisation and nouniness as meaning strategies in Japanese political manifestos, In E.A. Thomson and W.S. Armour (eds) *Systemic Functional Perspectives of Japanese* pp.173-209 equinox

引用ウェブサイト

『外国人の非熟練労働者受入れにおいて、外国人技能実習制度を利用することに反対する会長声明』(2015年7月確認)
http://www.nichibenren.or.jp/activity/document/statement/year/2014/140403.html

> **頭のストレッチ**

以下の文は、「保育を必要とする事由」という項目です。難しい言葉は日常的な言葉に言い換えましょう。

1. 1か月あたり64時間以上の就労をしていること（フルタイムのほか、パートタイム、夜間、居宅内の労働など、基本的にすべての就労を含みます。）
2. 産前8週間または産後8週間以内であること
3. 疾病、障害の状態にあること
4. 1か月あたり64時間以上、病気や心身に障害のある同居の親族を常時介護、看護していること
5. 家庭に災害があり、復旧にあたっていること
6. 求職活動をしていること（3か月以内に就労することが条件となります。）
7. 1か月あたり64時間以上、学校などにおいて就学していること、または職業訓練校などにおいて職業訓練をしていること
8. 虐待やドメスティック・バイオレンスのおそれがあること
9. 育児休業取得中に既に保育を利用している子どもがいて、継続的に利用が必要であること
10. そのほか、1から9に類する状態として町長が認める場合

(O町『保育施設の入園申込み』)

第9章　専門用語
用語への強いこだわり

公用文と専門用語

　本章のテーマは専門用語ですが、まずはちょっと例を見ましょう。

> 　M市教育委員会の<u>所掌</u>に係る教育行政に関するご相談などがございましたら、生涯学習政策課まで、お気軽にお問い合わせください。それぞれの相談内容に応じて、担当の部署をご案内いたします。
> （M市『M市教育委員会の所掌に係る教育行政に関する相談窓口』下線は筆者）

　公用文ではこのように、所掌（「つかさどること、所管」の意味）などという見慣れない言葉が出てきたりします。これが本章で対象とするものです。専門用語は法律文に出てくるものを採用していることが多いですから、本章は第8章と密接に関わっています。第8章では文章全体として硬いものを分析しましたが、本章は個別の語彙として見ていきます。また、専門用語は多くの場合、漢語で書かれており、漢語はもともと中国から来た外来語だったわけですから第1章ともつながっているテーマです。

専門用語にもの申す

　公用文というのは、市民に開かれたものであるという建前はあるのですが、書いているのは各部門の職員さんであり、ある程度専門性の高い方です。自然な流れとして、用語をきっちりと使いこなしたいという気持ちが文章に表れ出て、文章によっては専門用語のオンパレードになります。これらの例は、外来語の氾濫と似ている現象ですが、外来語の出現が対象者を選んで限定的であるのと比べて、漢語を中心とした専門用語は一般市民向けでも広く使われています。影響力が大きいとも言えるでしょう。以下の例をご覧ください。

戸籍の届出（出生届の箇所から引用）

届出通数は1通。
捨印も忘れずに欄外に押印下さい。
　　　　　　　　　　　　　　（O市『戸籍異動手続きについて』）

「届出」「通数」「捨印」「押印」「異動」といった専門用語が見られます。手元にある公用文からもう少し広く用語を拾い出してみます。

　学童　児童　生徒　青少年　交付　所掌　婚姻　配偶者　扶養
　入籍　入所　実印　認印　登録印　就学　転入　旅券…

　気持ちはわかります。すべてきっちりと定義されている用語なんですから、それらを使っておかないと文章があいまいになりかねないんだっていうことくらいは。ただし、これらの単語って別の言い方もできると思うんです。文章のわかりやすさを追求するなら、今一度これらの専門用語を一部でも見直してみる必要があるのではな

いでしょうか。「児童」と「生徒」は違うんだからちゃんと区別しないといけないっていうのはわかります。ただし、その区別をすることで市民はどんなメリットがあるのかを考える必要があります。小学生、中学生、高校生という言葉を使わないのはどうしてでしょうか。

専門家ってやつは…

　ちょっと極端な例を挙げます。2015年3月16日の朝日新聞にフィリピンでの台風関連ニュースが載っていました。高潮の強力バージョンがやってくるという情報が入ったとき、みんなによく知られている「津波」を使って「**津波**に注意せよ」という放送をメディアはしたかったそうです。ところが、専門家が出てきて言ったことは…。

　「あかんあかん、これは津波ではなく「高潮」なんだから、正確に高潮と言いなさい！　まったく最近の若者は正確な用語も知らんのかねえ（細かい表現は筆者の妄想による）」

　専門家の発言を受けて、「高潮」という用語で注意喚起を行った結果、高潮の意味がわからず逃げ遅れた人がたくさんいたというのです。専門家といわれる人は、往々にしてこういう用語の定義にこだわります。もちろん高潮と津波は違いますから、間違った情報を流したくないという姿勢は大事です。そうだとしても「強い高潮がきます。**津波**のようなものですから、注意しましょう（津波にアクセント）」といった言い方の工夫はできるはずです。強力な高潮であることがわかっていたのですから、「津波が来るぞ！」って大げさに言ってしまってもよかったのではないでしょうか。その放送が

人々に届くのか、そして実用面で何のメリットがあるのかを考えねばなりません。この場合、みんなが「逃げる」ということが一番大事な目的であり、その一点に全神経を集中すべきでした。

ちなみに、認知心理学の実験では、「専門家は自分の専門をわかりやすくすることが素人より下手くそ」という結果が出ています。つまり、ある専門的なことをやさしく言い換えるには、当該専門家にお願いするよりも、素人が少し専門を勉強したほうが、やさしく解説できるようになるということです。ここまで述べてきたような用語へのこだわりも一因だと思いますが、ざっくりと大意を伝えることができないんですね、きっと。身近にパソコンに詳しい人がいたらちょっと、「アンドロイドとウィンドウズは何が違うんですか？」みたいな質問をしてみてください。すごく長くて難解な解説をしてくださるんじゃないでしょうか（私の周りだけかもしれないけど）。「もうそんな細かい解説なんて要らないのよ、い〜！」ってなること請け合いです。

コラム①では大学教員に文章の下手な人がいる話を紹介しましたが、大学教員が自分の専門について一般市民向けに説明する状況では、いろいろ問題を起こすようです。ノーベル賞を受賞したペルーの作家について東大教授が解説を書いたら池上彰氏でも「チンプンカンプンでした」（朝日 2010 年 10 月 29 日朝刊）とか、ビットコインの解説を一橋大学教授が分析されたのですが、萩原魚雷氏は「はっきりいおう。何いってるのか、さっぱりわからん」（原文のママ、毎日 2014 年 3 月 16 日朝刊）などというありさまです。

大学教員も専門家なのだ

用語へのこだわりの話に戻ります。何を隠そう私も専門家の端く

れ、家庭では嫁さんのお尻に敷かれていようとも、大学では研究者ヅラしていばっているわけです。自分の専門に関しては用語をきっちり使いたい気持ちが嫌というほどわかります。

「数詞と数量詞は違うんだよ。数詞は numeral で数量詞は quantifier なんだから」

なんていう、冷静に聞いたらなんだかわけのわからん解説を一生懸命しているのです。「分類類別詞と測定類別詞をごちゃごちゃにしているからそんな議論になるんじゃないのか」なんていうコメントを嬉々として発したりもしています。

研究の話ついでに、ちょっと具体的な論文タイトルを紹介しますね。サンキュータツオさんの書籍で紹介されていたものです（『ヘンな論文』）。

「婚外恋愛継続時における男性の恋愛関係安定化意味付け作業―グランデッド・セオリー・アプローチによる理論生成―」

これって簡単に言ってしまうと「浮気男へのインタビュー分析」ですよ。テレビ番組風に言えば「突撃、隣の浮気男」と言ってもかまいません（そんな番組、誰も出演しないだろうけど…）。インタビューを10人分集めて真正面から分析した意欲的な論文ですが、まあなんともタイトルが硬っくるしいこと。用語にはこだわりがあるようで「本研究では「不倫」「浮気」という言葉はネガティブな意味を含むため引用以外は用いない。代わりによりニュートラルな言葉として「婚外恋愛」という言葉を用いる。」（松本 2010、43ページ）という注釈がついています。つまりこの筆者は浮気を客観的な現象として中立に捉えたいという気持ちを込めて「婚外恋愛」と呼んでいるのです（なんか、かつての石田純一と同じ匂いがしま

すね〜)。ちなみに、日本人既婚男性の 50.8％は浮気経験者であるという先行研究を受けて、「妻に知られているかどうかは別として，婚外で恋愛をしながらも妻に離婚届けを出されない人たちがかなりの数存在することが推測される」(松本 2010、44 ページ) という現状が研究背景なんだそうです。当然ですが、本人は至ってまじめに書いておられます。「浮気男へのインタビュー」だなんて格好の飲み会ネタ話ですが、こんな話を扱う論文も、上記のタイトルがつくとなんとも学術的になってきますね、専門用語ってステキ♪

　これは専門家同士で議論するときはかまわないんだと思います。そういうことにしておかないと話が進まないからです。大前提として、相手も同じ専門用語を共有しているであろうということが想定できるときということになります。私は仲良し研究者の森君や建石君とごはんを食べるときは、「深層格がどうの、遊離がどうの、定性がどうの、形態素解析機の茶豆がどうの」と延々とおしゃべりをします。相手もそれを知っていると確信があるからです。ところが、それら専門家同士が話しているような専門用語を、学生相手とか市民講座で連発するとわかりにくい話だということになります。そしてアンケートでぼろくそに書かれてしまいます。ですから、相手に合わせて調整する能力のようなものがコミュニケーションには必要なのです。公用文も同じですね。**内部文書と市民向け文書を区別して書き分けねばなりません。**

ブランド品の所有と似ている !?

　内田樹氏は、人が専門用語を振り回す心理的な動機を批判的に分析されています。我々が専門用語を使いたがるのは、専門用語を使える自分を他人に見せびらかすのが主目的で、それは核兵器やブラ

ンド品の所有と似た社会的行為である、と一刀両断です。そのうえで、(専門用語を振り回してばかりの) ラカン派の学者は何を言っているのかわからないと切り捨てています (『ためらいの倫理学』)。そんなこと言ってしまうと「みんなを敵に回すんじゃないの？」と小心者かつ若手研究者の私は困ってしまいますが、当たっている部分は確かにあります。

　専門用語の振り回しに関連して内田氏も引用しているのが、アラン・ソーカル氏他による『「知」の欺瞞』です。この書籍では、ポストモダニズムと呼ばれる哲学分野が、数学や物理学の専門用語を知ったかぶりで乱用しすぎていることが指摘されています。数理物理学・量子力学の専門家が、「今の哲学界、ちょっと専門用語が乱れすぎてんじゃねーの？」と警鐘をならしたわけです。

　指摘は非常にシンプル、「哲学の話をするのに、わざわざ分野外の自然科学用語を比喩として使う必要ないでしょ？」というもので、まことにその通りかと思います。ひたすら具体例を指摘していく論理展開も刺激的なのですが、何がすごいってソーカル氏が専門雑誌相手に仕掛けたいたずらです。ポストモダニズムでありそうな主張を適当にでっちあげて、関連しそうな引用を切り貼りして、全く無意味なパロディー論文を作成しました。しかも、その論文を専門雑誌に掲載させてしまったのです。これにはびっくりです。専門雑誌に論文を載せるということは、研究者としては審査を通過して一人前と認められる神聖な行為なわけです。そこで無意味な論文が審査を通過して雑誌に載ってしまったんですから、筆者たちが書籍で「実はあの論文、全く無意味なんだよ〜」って種明かしをした途端、大騒ぎになってしまいました。ここから言えることは、研究者の世界でも専門用語が氾濫しており、(その一部では) もはや専門家ですら意味がわからないまま乱用されているという事実です。

日本語教師による書き換え実験

　研究の話でいろいろ回り道してしまいましたが、話を公用文に戻します。長々と身を切る思いで研究者批判まがいなことをしたのは、公用文の執筆者にも、「ちょっと専門用語を見せびらかしたいなんていう野望がないですか？」と問うてみたかったからです。私自身、全くないとは言えないですね。ちょっと専門用語を使うと、みんなが尊敬してくれる（ような気がする）瞬間があるからです。

　公用文の具体的な語彙を研究している論文を紹介します。各自治体から文書提供を受け公用文のデータベースを作成したうえで、それらを経験10年以上の日本語教師34名がやさしく書き換えると使用語彙はどうなるか、という実験を行いました（森2013）。要は、公用文の中から日本語教師が直感的に不要だと思った語彙はどれかを抽出しようとする実験です。結論として全員一致で不要だと判定した語彙は以下の通りです。

　若しくは、参照、要請、異なる、安否、要する、生ずる、迅速…

　これらの語彙を書き換えた日本語教師は全員一致で、別の用語に置き換えが可能であり不要であると判断しました。また、以下の語彙も、95%以上が書き換えられてしまった語彙です。ほとんどの日本語教師が不要であると判断したことになります。

当該，伝達，限る，御覧，上記，定める，把握，且つ，於く，努める，連携，持参，並び，恐れ，同居，住まい，訂正，下記，購入，充実，配慮，月額，了承，記入，掲げる，保有，措置，共，規定，該当，様々…

こういった指摘からも、一度常識を疑ってみて、用語の使用を振

り返る必要があるのではないでしょうか（この節で紹介した語彙は両方とも上記論文にある中のほんの一部です）。

実は今日的問題かも

　本章では公用文と研究者の文書を中心に専門用語の使用実態を見てきました。ただ、専門用語を使いたがるという現象は、あらゆる人間にあるものなのかもしれません。つい最近とある学会では、介護福祉士さんが介護の現場で医学用語を使いたがるという批判が看護師さんから出ていました。介護福祉士さんも医療専門家の一角ですから、ついつい専門用語が出てしまうのでしょう。ただ、一般の人を相手に使うとこういう批判につながってしまいます。こういった専門用語の氾濫は、社会が細分化・専門化していくことによる当然の結果なのかもしれません。

　『言語生活』という雑誌の408号（1985年）で公用文がテーマになっています。その座談会コーナーでは公用文を20年以上継続して観察している斎賀秀夫氏（国立国語研究所名誉所員・大妻女子大学教授）が興味深い指摘をされています。研究を開始した最初のころ（おそらくこの雑誌が出た1985年の20年くらい前のことでしょう）に比べて公用文は、かなりわかりやすくなってきているというのです。文の構造が乱れているようなものが減ったと指摘されています。一方、社会の専門化細分化を受けて、難解な用語が多くなったとも述べておられます。この指摘が正しいとすれば、公用文の中で用語が難解になってきたのは、ここ30年程度のことと言えるかもしれません。

　一方で、専門用語を振り回す人に対して風当たりが強くなっている気がします。例えば、インターネット上で行われたアンケート調

査で「「この人は仕事ができない」と思うアパレル販売員の接客トーク」というランキングがあります。その中に「専門用語を使って話す人」というのが33％（20代、30代、40代の数値の平均）でランクインしています。この数値、世代別で見ても20代が34.1％で、専門用語トークは意外と若い子にも受けないことがわかります（私は若い人くらいは騙されるかと思っていました…）。これは接客業者の話ですが、今や専門用語を振り回しても若者から尊敬は得られない時代にいるのかもしれません。今ならまだ間に合いますよ。国民・市民に嫌われる前に一度立ち止まって用語を確認してみませんか。これは20代の若者に接しているわたくしめから自戒の念を最大限に込めて申し上げておきます。

参考文献

アラン・ソーカル、ジャン・ブリクモン（2012）『知の欺瞞　ポストモダン思想における科学の濫用』岩波現代文庫

内田樹（2003）『ためらいの倫理学』角川文庫

木下是雄・斎賀秀夫・白井健策・佐竹秀雄（1985）「明晰な文章のために《座談会》」『言語生活』408号 pp.2-14

サンキュータツオ（2015）『ヘンな論文』角川学芸出版

松本健輔（2010）「婚外恋愛継続時における男性の恋愛関係安定化意味付け作業―グランデッド・セオリー・アプローチによる理論生成」『立命館人間科学研究』21 pp.43-55

森篤嗣（2013）「語彙から見た「やさしい日本語」」庵功雄・イヨンスク・森篤嗣編『「やさしい日本語」は何を目指すか　多文化共生社会を実現するために』ココ出版 pp.99-115

引用ウェブサイト

『「この人は仕事ができない」と思うアパレル販売員の接客トーク』
　http://dime.jp/genre/190887/1/

頭のストレッチ

① 下線を引いた動詞を別の語に置き換えてみましょう（すべて実例です）。

入園手続きを<u>把握する</u>ための説明会
記載内容を<u>訂正する</u><u>際</u>は、修正液などは<u>使用せず</u>に…
実務に<u>従事した</u>経験を<u>有する</u>者
情報を<u>伝達する</u>
個人情報を<u>保有する</u>
処理困難物を<u>回収する</u>
ごみを<u>収集する</u>
食料品を<u>製造する</u>

② 以下の文章をわかりやすい言い方に直してみましょう。
・上記で定める通りに記入して、送付してください。
・同伴者は同居する親族に限ります。
・説明をよく御覧いただいた上で、規定の料金をご持参ください。

コラム⑤　公用文改革の歴史を振り返る

　明治時代、言文一致運動があったことは国語の授業で習いましたね。こういった事実から、明治時代、すべての文書が口語体（話し言葉）に近づいたのではないかと思っている人もいるのですが、実は公用文は全く近づかなかったのです。そもそも公用文は江戸時代以前より漢文で書かれており、庶民には読めませんでした。この漢文で書くという伝統は明治時代まで続きます。明治時代には『新令字解』など、政府の文書を読むための字引がたくさん出版されています。お役人さんでも読むのが難しかったのでしょう。さすがにこれはまずいと思った明治政府、明治 8 年に公用文の平易化を通達しています。この通達自身、ゴリゴリの漢文で書かれていたため、効果はあまりありませんでした。そりゃあそうですよね、漢文で書いた時点で内容と矛盾しており、言行不一致です。話は逸れて、うちの 4 歳の娘は約束破りの常習犯です（将棋好き）。「お父さんは将棋を 1 回だけしかやらないよ」と約束をしてからやり始めるのですが、1 回終わるごとに大暴れ（私が容赦なく勝つからね）。2 回 3 回とやらされます。そのくせ、自分のプレゼントの話とかになると、

　「お父さん、約束を破ったらぶっとばすからね！」

と言います。「お前が言うな！」って感じです（かわいいから許すんだけど…）。明治 8 年に出た公用文平易化の通達も同じ匂いを感じます。それでもある程度は改善され、漢文そのものではなく漢文くずれの日本語がしばらく公用文に用いられます。

　本格的に公用文が口語体になるのは戦後です。昭和 21 年に『日本国憲法改正草案』が口語体で出たことがきっかけでした。そりゃそうですよね、まずは公用文の根幹とでも言える文書が漢文で書かれてい

たのでは、どうにもなりません。「法律の日本語の革命」と呼ばれたこの出来事から、やっと公用文の口語化は始まるのです。そう考えてみると、公用文日本語の歴史はまだ 70 年くらいなのです。そんな簡単に読みやすくはなりませんよね。

自治体発の「ことばの見直し運動」

　昭和 50 年代、埼玉県、北海道、神奈川県が相次いで公用文の改善運動に取り組んでいます。経済成長がひと段落して、自分たちの情報発信手段に目が行くようになったのかもしれません。昭和 50 年代後半からの一部の自治体による情報公開制度の実施もその原因でしょう。北海道のキャッチコピー「言葉の行革」は、その秀逸なフレーズからメディアでも取り上げられたようです。職員や道民へのアンケートも行っており、提案は非常に具体的です。スローガンだけにとどまった自治体もあったようですが、こういう意識が各地で芽生えたことは歴史的事実です。新聞記事を読んでみても、この時期各地の自治体が公用文の平易化に取り組んでいることがよくわかります。カタカナ語の乱用や「善処する、何分の、前向きに検討、念のため申し添えます、可及的速やかに、思料する、別途〜する、了知、遺漏のないよう、ご査収、採納する、承引、返戻(れい)する」といった表現への批判が出ていたことが当時の記事から伺えます。北海道庁のホームページは確かにこのときの DNA を受け継いでおり、注意喚起文など非常に上手に作っておられます。この時点では都道府県レベルの自治体による散発的な取り組みでした。国全体で関わるのはもう少し先の話になります。

全国区での取り組み

　第 9 章では 1985 年に雑誌『言語生活』の 408 号で公用文が特集されたことを紹介しました。これは昭和に換算すると 60 年で、昭和 50 年代の自治体による「ことばの見直し運動」の流れにあります。

昭和50年代にはカタカナ語の乱用も地方から問題提起されていましたが、全国区で具体的な提案に至るのは、小泉政権になる2000年以降です（第1章参照）。すでに見たとおり、日本語は表記をどうするかという課題を常に抱えており、内容の平易化の前に表記の標準化に苦労しました。ですから、公用文をわかりやすくするのはこれからが勝負です。本コラムの最初で述べたように、公用文が口語体になってまだ70年程度です。少しずつ進んできた先達の取り組みをぜひ引き継いでがんばりましょう！

＊ここのコラムは以下の論文を基に書いております。
最上勝也（1985）「"ことばの行革"」『放送研究と調査』第35巻7号
　pp. 22-39

第10章　定義
用語は効果的に示す

公用文における定義

　第9章で見た通り、公用文には専門用語が出てきます。第1章の外来語も専門用語の一種です。これらは言い換え可能な場合、わかりやすく変えればいいのですが、そうはできないものもあります。あえて言い換えずにそのまま伝えたい専門用語もあります。よって「後期高齢者医療制度とは」「認定こども園とは」「ジェネリック医薬品とは」などなど、制度や施設、物品などの意味を最初に断ってから話を進めることになります。公用文では、こういった用語に関する定義が必要です。よくわからない言葉をずっと使われたら読み手はイライラするからです。

　ある概念が相手にとって既知か未知か判断するというのは、人間のコミュニケーションにとって基礎的な技術であるとも言えます。言語学では定・不定（定冠詞・不定冠詞なんていう言葉、聞いたことがありますよね）、旧情報・新情報などという用語で説明される文法現象です。例えば英語では、相手にとって知っている情報（と判断する）かそうじゃないかでaとtheを使い分けます。日本語の「は」と「が」の使い分けも旧情報・新情報との関連で説明されることがあります。公用文で考えるなら、伝えたい言葉が不定もしくは新情報の場合、適切に定義を加える必要があります。逆に言うと、定もしくは旧情報の場合、定義をすると余剰感が出てしまいます。

このさじ加減が非常に重要であると言えます。

そういうわけで、本章は定義の方法について見ていきます。自治体の職員研修などでも、公用文をいくつかの部分に分けて、どこが重要だと思うか聞いてみると、定義の部分と答える人はたくさんおられます。この重要性は十分認識されているのでしょう。

その定義は必要？

何でもかんでも定義すればいいというものではありません。例えば以下の例はどうでしょうか。

生活排水とは

炊事，洗濯，風呂，し尿など，日常生活にともなって家庭から出される排水のこと。水質汚濁防止法では、「炊事、洗濯、入浴等人の生活に伴い公共用水域に排出される水（排出水を除く。）」と定義されています。

生活排水は，1人あたり1日約250〜300リットルも出ると言われています。最近では，BOD（生物化学的酸素要求量）換算で汚染の7割は生活排水によることがわかっており，産業排水よりも大きな汚濁の原因となっています。

（O市『生活排水対策』）

生活排水っていう用語を聞いて、「意味がわからない」っていう人はどれくらいいるのでしょうか。このお知らせは、生活排水を各家庭で削減してほしいという依頼なのですが、わざわざ定義形式「○○とは」を冒頭に立てて文章を組まなくてもいいと思います。また、水質汚濁防止法まで持ち出してきて定義をしますが、そこま

で厳密にやる意味があるのでしょうか。もう一つ例を出します。

> **放置（不法駐輪）とは**
>
> 　放置（不法駐輪）とは、『公共の場所において、自転車等からその利用者又は所有者が離れて、直ちに移動することができない状態にあること』をいいます。
> 　つまり、置いている時間の長さや置く理由にかかわらず、自転車から離れて直ちに移動できない場合、放置自転車という扱いになります。
> 　放置禁止区域では、『自転車及び原動機付自転車』の放置が禁止されています。
> （N市『高校生ボランティア参加による放置自転車等の対策事業を実施しました。』）

　このお知らせは、ボランティア活動の報告なので、わざわざ「放置」を定義してまで伝える必要があるとは思えません。もちろん、自転車を撤去されて怒っている人を想定しながら「ちょっとだけでも離れたら放置になりますよ」というメッセージを伝えたいのなら少しは気持ちがわかります。ただ、それならそれでもっとシンプルにできます。

　この2つの例から言えることは、何を定義すべきか少し立ち止まって考えましょう、ということです。なんでもかんでも定義すればいいというものではありません。定義が大事なことは全くその通りですが、読み手がその文書を理解するうえでどの程度の定義が必要なのか、という調整作業が必須です。読み手の気持ちを考慮して、文書全体を頭に置きながら定義を考えましょう。わかりやすい判断材料としては、「〇〇って何ですか？」をネット検索してみて、

ネット上にたくさん質問が出ているならニーズありと考えてよいでしょう。生活排水なんてほとんどヒットしませんよ（注：ただしよく調べると、他の自治体のパンフレットがヒットしたりします…この感覚、どうなっとんねん！）。

定義の大原則

言葉を定義するとき、簡潔に、想定される読者が知りたいであろう情報だけに絞りましょう。ここではそれに失敗しているパターンを紹介します。

緑化とは、

　森林、樹木、花などの緑は、人の心を和らげ日常生活に潤いをもたらし豊かな人間性を育てるうえで欠くことのできないものです。

　本市では、昭和48年に「緑化推進条例」を定め、緑豊かな都市づくりを目標に公共建物、道路、河川等の公共緑化の推進をはじめ、家庭、工場、事業所等での民間緑化の促進や保存樹木、緑保全地区の指定による緑の保存等に努めてきました。

　また、最近は、都市づくりにおける緑に対する市民皆様の要望も多様化しています。そのため、ただ単に緑の増量だけでなく、樹種等の選択にも十分配慮した整備を行なうことにより、市民の皆様が緑がもたらしてくれる様々な効果（防災、癒し、景観など）を実感し、緑に対する愛着と関心を高め、市民参加ができる花と緑の都市づくりを推進しなければなりません。

> このため、公共事業としての緑化（花を含む）だけでなく、市民皆様とともにはぐくんでいく緑化などを積極的に推進するよう努めています。　　　　　　　　　　　（O市『緑化とは』）

まず最初の問題点は、長いってことです。ここに引用したのはすべて定義の部分ですが、緑化のためにこんなだらだらした説明は要りません。しかも、「〜とは、」から始まっているのだから、「〜こと／ものです」のような名詞述語「〜【名詞】です」との呼応関係が必須なのですが、それが全く見当たりません。小学生の作文でよく指摘される、ねじれ文というやつです。「緑化とは、樹木や花を植えて緑豊かな街づくりを行うことです」くらいでいいのではないでしょうか。そもそも「緑化」に定義が必要かどうかもあやしいところではあります。「緑化って何ですか？」って質問しているネット上のやりとりはヒットしません（2016年3月4日検索）。ねじれ文の例はいろいろ見かけるので、もう一つ紹介しましょう。ポジティブリスト制という言葉に全く慣れていない人は、下を読んでもよくわからないのではないでしょうか。

> ポジティブリスト制とは？
> 　今まで、農産物に残留する農薬については、食品衛生法において残留基準が設定され、この基準を超えたもののみ流通が禁止されており、残留基準が設定されていないものは規制の対象外でした。しかし平成18年5月29日より、残留基準の対象範囲が拡大され、これまで残留基準が設定されていない農薬の場合でも一定の基準を超えて検出されると、その農産物の流通が禁止されることになりました。
> 　　　　　　　　　　（M市『ポジティブリスト制とは？』）

続いて失敗例の別バージョンを見ていきましょう。

> ○農地とは
> 　農地の権利移動あるいは農地の転用などの農地法の規制の対象となるものです。
>
> 農地
> 　耕作の目的に供される土地とされています。この場合の「耕作」とは土地に労働および資本を投じ肥培管理を行なって作物を栽培することです。例えば、田、畑、果樹園、牧草採取地、種苗の苗圃等です。　　　　　（M市『農地法とは』）

　この例はなんか複雑なのです。「耕作の目的に供される土地とされています。」の部分を一番上に持って来ればすっきりするのですが、いきなり「農地」の定義に「農地」を使って説明したらいかんでしょう〜。辞書作りのイロハです。

　照応とは、前方照応や後方照応といった照応行為総体を指す

みたいなことです。「農地」を使って「農地」を定義した後で、改めて「農地」の定義が入ります。「農地の権利移動あるいは農地の転用などの農地法の規制の対象となるものです。」の部分は、定義ではなく最初の導入部分という可能性もありますが、とにかく複雑構造なのです。追い打ちをかけるように後半では「耕作」の定義まで入り込んでいます。しかし「耕作」なんて定義がいります？　定義はできるだけ簡潔に書きましょう。

第10章 定義　133

> **G景観まちづくりファンドとは**
>
> 　G市は、〇〇公、〇〇公が築いたI・G城下町とK藩の城下町を基礎に発展した歴史的経緯から、町家や旧武家屋敷をはじめとする歴史的資源が多く残り、Gらしい歴史的まちなみが形成されていますが、現在、これらの美しい歴史的まちなみが徐々に壊れようとしています。
> 　G景観まちづくりファンドは、Gのまちを愛する皆様の参加によって、Gならではの美しい歴史的まちなみを後世に守り伝えていくための<u>基金</u>です。
>
> 　　　　　（G市『G景観まちづくりファンドとは』　下線は筆者）

　こういうのもよく見られるパターンですが、下線部「〜とは、」から下線部「〜基金です。」までが遠すぎます。定義から解説までが遠方呼応になっています。冒頭を以下のようにするとずいぶんわかりやすくなると思いませんか？

> **G景観まちづくりファンドとは**
>
> 　Gのまちを愛する皆様の参加によって、Gならではの美しい歴史的まちなみを後世に守り伝えていくための基金です。

　この後、追加で説明したいことがつらつらと続いても、読み手の負担はあまりありません。つまるところ、「〇〇とは」に対して、「〜【名詞】です」という呼応関係がすぐ近くにあることが重要なのでしょう。ここまでが基本原則で、ねじれ文、複雑構造、遠方呼応を避けて、簡潔に定義しましょう。

定義あるある①：法律や条例の利用

どこでもいいので自治体のウェブサイトを開いてキーワード「とは、」で検索をしてみましょう。たくさんの定義が見つかります。これらをざっと見ていると、驚くほど共通している点があります。それは、定義に法律や条例を入れたがるということです。ここまで見てきただけでも、「生活排水とは」の定義に「水質汚濁防止法」が、「緑化とは」には「緑化推進条例」が使われていました。よーく読者の気持ちを考えてください。読み手は法律のプロではないので、何の条例によるのかはまず興味がありません。もちろん、市民にとってうれしくない依頼（行政側からすれば言いにくい依頼）をするとき、法律名を証拠として挙げることで理解を求めるなんてことはありえます。テレビを見ていると、脱税Ｇメンが脱税している人の財産を差し押さえするときなんか、必ず「○○法に基づいて差し押さえます」って言いますもんね。ただし、法律を明記すべきかどうか、その必要性をじっくり考えるべきです。以下の例は、民生委員の定義をしている文です。

民生委員・児童委員は身近なあなたの相談者

（前半省略）

　お住まいの地区の民生委員に、気軽にご相談ください。もちろん相談を受けた内容等のプライバシーに関しては、民生委員法第15条により秘密を守る義務がありますので、安心してご相談ください。

　（問題を解決するために必要な行政機関等への情報提供を除きます。）　　　　　　　　　（H市『民生委員児童委員について』）

最後に守秘義務を伝えるために、民生委員法第15条を持ち出しています。作成者はこの文言で、市民に対して

あ、そうか、12条かと思っていたら15条だったのか!?

なんていう気付きを与えるのが目的でしょうか。私たちはそんなことにまず興味はありません。まだこの文章の場合は、信用を高めるために法律を付記したい気持ちが少しはわかります。ただ、「民生委員は法律により秘密を守る義務があるので、決して他人には洩らしません」とか、書くとしてもカッコ書きで「民生委員は秘密を守る義務があるので（民生委員法第15条）、決して他人には洩らしません」くらいでいいと思います。ここまでに紹介した「生活排水とは」の「水質汚濁防止法」、「緑化とは」の「緑化推進条例」は、何のために付記されているのか、本当に必要か考えてみる必要があります。

定義あるある②：細分類

定義でよく見かけるのが、以下のような分類定義の例です。前節で述べたように法律名が入っている点でもよくある定義の例なのですが、かなり専門的に概念の下位分類を説明しています。もちろん読者によっては、発達障害の下位分類を知りたい人もいるでしょうが、このお知らせは施設紹介が目的です。そんなに踏み込んで詳細を説明する必要はないのではないでしょうか。

> **発達障害とは**
> 「発達障害者支援法」では、自閉症、アスペルガー症候群その他の広汎性発達障害、学習障害（LD）、注意欠陥多動性障害

(ADHD) その他これに類する脳機能の障害であってその症状が、通常低年齢において発現するものとして定義づけられています。原因は、まだはっきりしていませんが、脳機能の働きに生まれつきの特徴があると考えられています。親の育て方や愛情不足、本人の努力不足が原因で起こるものではありません。早期からの継続した支援が大切です。

(O市『O市発達障害者支援センター』)

　第2章で紹介した熱中症の公用文にも、熱中症の医学的な定義（熱痙攣、熱疲労、熱射病の3分類）が延々と1ページ半続くことを紹介しましたが、あくまで読み手は一般市民なので、専門的な定義はほどほどがいいと思います。次の例はインフルエンザですが、これも下位分類（A型、B型、C型）を行っています。

(1) インフルエンザとは何ですか。
インフルエンザとは、インフルエンザウイルスによる感染症です。
インフルエンザは、インフルエンザウイルスがヒトや動物に感染することで引き起こされる感染症です。インフルエンザウイルスは抗原性の違いから、A型、B型、C型に大きく分類されます。ヒトでの世界的大流行（パンデミック）を引き起こすのはA型のみとされています。
最近、国内の人の間で流行しているインフルエンザの原因ウイルスは、A/H1N1亜型と、季節性のA/H3N2亜型（いわゆる香港型）、B型です。平成21年に発生した新型インフルエンザ等感染症はA/H1N1亜型のウイルスによるものです。

> (2) 鳥インフルエンザとは何ですか。
>
> 鳥類に対して感染性を示すA型インフルエンザウイルスのヒトへの感染症が、鳥インフルエンザです。また、鳥インフルエンザの原因となるA型インフルエンザウイルスを一般的に、鳥インフルエンザウイルスと呼んでいます。鳥インフルエンザウイルスは、自然界においてカモ、アヒルなどの水鳥を中心とした多くの鳥類が腸内に保有しています。
>
> なお、鳥インフルエンザウイルスがヒトやその他の動物に感染した場合も鳥インフルエンザという感染症名を使用しています。
>
> （H市『H市鳥インフルエンザ情報　鳥インフルエンザとは』）

　熱中症、障害、感染症など、医療関係のお知らせを扱う公用文はたくさんあるのですが、どうもこれらの説明は専門的になる傾向があります。熱中症の3分類、発達障害の下位分類、インフルエンザの下位分類（A、B、C型）、これらは共通して、何かを定義することはその内訳を列挙することだと考えているようです。

　病気の定義で下位分類をするなら、その分類ごとに対処方法が違うことを前提とします。分けても対処法が同じであれば、わざわざ分ける必要はありません。もう少し言えば、「この文書全体で伝えたいメッセージはこの分類がないと伝わらない」というときのみ、分類が意味を持ちます。東京都の文章は簡潔なものが多いのですが、次の例もわかりやすいと思います。インフルエンザの定義ですが、読者に必要な最低限の情報「感染すること、ふつうのかぜよりも症状が強く出やすいこと」をうまく伝えています。ぜひ比べてみてください。

> **インフルエンザとは**
>
> 　インフルエンザとは、インフルエンザウイルスによる呼吸器感染症です。通常のかぜに比べ全身症状が強く出やすいことを特徴とします。
>
> 　　　　　　　　　　（東京都感染情報センター『インフルエンザ』）

提案は…

ここまでの話をまとめます。
① 定義すべき用語かどうかを吟味する。
② 原則：ねじれ文、複雑構造、遠方呼応は避けて簡潔に定義する。
③ 応用：法律・条令の提示はその必要性をよく考える。高度に専門的な分類定義は行わない。

こういった点を注意することで、すっきりした定義になりますよ。定義は、自分の知識をひけらかすものではなく、相手の理解を助けるためのものです。この本質をお忘れなく。

頭のストレッチ

以下の「社会福祉協議会」「滞納処分」という用語について、元文の情報を参考にしながら簡潔に定義し直しましょう。

① 社会福祉協議会（社協）とは
　私たちのまわりには、さまざまな福祉問題がありますが、自分に関わりのない問題については、多くの人が関心を持たなかったり、見過ごしがちになっています。

社会福祉協議会は、地域のみなさんが、明るく健やかに暮らしていけるように、地域の各種組織（福祉関係団体・施設・行政機関など）が話し合い、協力し合って総合的な福祉の推進を図るために組織された**民間団体**で、社会福祉法（昭和26年法律第45号）第109条により定められた組織です。
※詳しくはコチラ（別ウインドウで開く）

（H市『社会福祉協議会の活動紹介』）

② 滞納処分とは…

　市税・国民健康保険料が納期限内に納付されないと、地方税法・国民健康保険法に基づき、督促状を発送します。

　法律では、「督促状を発した日から起算して10日を経過した日までに完納しないときは財産を差し押えなければならない」と定めています。

　しかし、N市では、納付忘れや特別な事情により納付できない場合などを考慮し、督促状送付後も催告書を送付するなど、自主的な早期納付を働きかけています。

　それでもなお、納付されない場合には、納期限までに納付された方との公平性を保つため、やむを得ずその方の財産（預金・給与・不動産・動産等）を差押え、その財産を換価し、滞納となっている市税等に充当します。これら一連の手続きを滞納処分といいます。

　市民の皆様には、納期限までに納付してくださいますよう、お願いいたします。

（N市『滞納処分とは…』）

第11章　ネチケット
ウェブのしくみを考えて

相手がまず知りたいことは何なのか

　大学の先生は、年度末に次の年のシラバス（授業内容の一覧）を書かなければなりません。大学の事務員さんも忙しいので、教員は自らウェブサイトにシラバスを入力するのですが、このマニュアルが大概ひどいのです。私が新規で関わる非常勤先から、先日お手紙が来て、シラバスを入力するよう言われました。8枚もののお知らせを上からいくら読んでも、入力サイトのアドレスがありません。シラバスにはこういう事を書くなとか、パスワードはこうなっているとか、サイトの中の構造はこうだとかいろんな説明が延々と続くのですが、肝心のそのサイトへのアクセス方法が書かれていません。職員さんにとっては当然知っていることなのでしょう。その大学のサイトにアクセスしたらすぐに誘導されるのかもしれません。それならそうと、「○○大学のサイトを検索して、右上の〜というところをクリックすれば、入力サイトに飛びます。」っていう文言が一番最初に来るべきなんですが、ないんですよね〜。シラバス入力の際、URLをすべて手入力させるような大学もあります（一度自分で試してみたんだろうか…）。ここまでは目標ウェブサイトに入るまでの話でしたが、本章はウェブに入ってからの問題点を扱います。ネット上のエチケットということでネチケットがテーマです。ウェブサイト上に情報を載せることがどんどん主流になっていく中、こ

こではウェブに情報を載せるマナーを論じてみます。なお、第11章、12章は情報提示に関する一般原則です。もちろん、公用文作成に際しても重要であることは間違いありません。

困ったサイト

とある自治体のサイトを眺めていたら、「ESDプロジェクト」という見慣れない用語が飛び込んできました。なんとなく興味を持って ○○のESD（○○には都市名が入ります） という文字をクリックしてみると、さらに ○○ESDプロジェクト という文字が出てきてそこをクリックしました。大きな絵画と以下の文言が現れました。

ESD（Education for Sustainable Development：持続可能な開発のための教育）は、将来の世代を含む誰もが安心して暮らせる社会をめざして、環境、経済、社会など様々な問題を自分の事としてとらえ、あらゆる世代で学び合い、よりよい地域づくりに取り組む人の輪を広げ、未来のことを考え行動する人づくりの取組です。
※イラスト【未来へつなぐメッセージ・フォトモザイクアート】
O市民と世界のみなさんが「こんな世界になってほしい」という思いで書いたメッセージでフォトモザイクアートを作製しました　　　　　　　　　　（O市『○○ESDプロジェクト』）

アート関係なのかなと思いつつも、ESDが「持続可能な開発のための教育」であることがわかりました。ただこの定義だけでは、あまりに説明が抽象的で自治体が何をしているのかがよくわかりません。わざわざ ○○ESDプロジェクト と自治体名を冠してプロ

ジェクトを動かしている割には、具体的な取り組みがぼやっとしています。みんなでフォトモザイクアートを作ることがどうして持続可能な開発のための教育になるのでしょうか。むしろ、フォトモザイクアートを作る前の段階で、世界の現状を学ぶことのほうがESDの本質であるようにも思えます。下のほうにスクロールしていくと、「〇〇 ESD プロジェクト・協議会」というところに、 ESDってなに？ という文字が出てきたので、またまたそこをクリックしました。現れたのが以下のページです。

ESDって何？

未来の私たちの暮らしはどうなっていると思いますか？

たとえば……

豊かな自然の中、里山や川で子どもたちが遊ぶ未来。
男性も女性も一緒にいきいきと働く未来。
外国人も安心して暮らせて、地域の人々と交流しながら文化を一緒に学ぶ未来。
みんなが心穏やかに安全に暮らす未来。

私たちがそれぞれ思い描く未来に向けて、何ができるでしょうか。
未来を目指し、一人ひとりが考え、年齢に関係なく、お互いに学びあい、行動する。
そんな一つひとつの行動をくり返すことが、今、地球上にあるいろいろな問題の解決や未来をつくることにつながっていきます。

> これが ESD の考え方です。　　　　　　（O市『ESDって何？』）

またまた抽象的でよくわからない解説です。抽象理念はもうお腹いっぱいなんだけどなあ。第4章で見たような間接的な物言いであることも問題なのですが、本章で注目したいのは読者の気持ちです。

読者の知りたい（であろう）情報をまず提示

○○ ESD プロジェクト をクリックした段階で、知りたいのは以下のようなことではないでしょうか。

ESD とは、Education for Sustainable Development の略です。「持続可能な開発のための教育」と訳します。
当該自治体の具体的な取り組みは以下の通りです
A・・・
B・・・
C・・・

(注：ABC は上の定義にしっくりくるものでなければならない)

書き手はまず、ちょっと考えてほしいのです。アルファベット3文字をいろいろ想像しましょう。「AKB、USA、ESD」3つ並べてみて、ESD は説明も要らないくらい自明の概念でしょうか？　関西ではお腹の調子が悪いことを OPP と言いますが、必ず「今ちょっと OPP。お腹がぴーぴーやねん。」と解説までワンセットで使います。ESD もウェブサイトの早い段階で、抽象的な定義だけでなく具体的な取り組みを提示すべきです。多くの読者はそこがわ

からないはずですから。この例からは、ラベルが下手で文字列をクリックした時点での読者の予測を想定できていない点、一つのテーマのサイトが何重にも階層を成している点（ ○○の ESD → ○○ ESD プロジェクト → ESD ってなに？ ：何度もクリックしなければならない）などが問題になります。

ラベルが下手くそ

　ある文字列をクリックすると、サイトを移動するまで少々時間があります。この時間は環境によって違いますが、私の所属大学のように非常に時間のかかる場所（聖心女子大学は東京のど真ん中、広尾にあります！）もあれば、サクサク進む場所もあるでしょう。いずれにせよ、ここでちょっと時間がかかるっていうのがポイントなのです。人間の文章理解は、文字列を追いかけるだけではなく、文字列から次の展開を予測するというプロセスもあります（石黒 2010）。トップダウン処理などというかっこいい言い方もあるのですが、この数秒間に次の展開を読者は予測しているのです。ですから予測と外れた文章が来ると読者にはストレスになります。 ○○ ESD プロジェクト をクリックしたら、当然、その具体的な解説文が最初に来るだろうと予測しますが、予測ははずれます。

　この手の例はたくさんあります。ある自治体のサイトで 国民保護とは という文字をクリックしてみました。国民保護っていう言葉が見慣れないため、ちょっと気になったからです。国民年金とか国民健康保険とかを連想させるワードです。私の予測としては当然「〜をすることです」という定義が続くと思っています。

国民保護とは

H市の国民保護の取組についてお知らせします。

●取組状況

平成23年4月1日

「全国瞬時警報システム（J-ALERT）」の運用開始

　「国民保護情報」とは、ミサイル弾道攻撃の武力攻撃など有事の際に消防庁から発信される緊急情報です。H市では、小中学校や公民館など市内の公共施設の館内放送や、エフエム××のラジオ放送に、消防庁から発信される情報を瞬時に伝達する「全国瞬時警報システム」を運用開始し、みなさんが屋内避難するなど適切な行動がとれるようお知らせすることとしました。

【内容】

　消防庁が発信する緊急情報が瞬時に音声放送されます。

　例）「ミサイル発射情報。ミサイル発射情報。当該地域に着弾する可能性があります。屋内に避難し、テレビ・ラジオをつけてください。」

（以下省略）　　　　　　　　　　　　　　（H市『国民保護とは』）

　ミサイルとか武力攻撃とか怖い言葉が並んでおり、これはどうやら「外国による武力攻撃から国民を保護すること」という意味のようです。でもまだはっきりした説明はないまま、この文書の下に、緊急情報発信場所が延々と表示されます。その下にシステム構成図や放送される内容の解説が続いた後で、「国民保護法の概要」という大きい見出しの下位項目としてやっと「国民保護」とは？という文字が出てきます。ところが、それを読みたい人は、内閣官房の

ポータルサイトに飛ぶよう指示があります。ここまで来たら意地なのでそのサイトに行ってみると…。 国民保護法とは という法律の解説になります。「もうええわ!!」と言って閉じてしまいました。

そもそもは、私が 国民保護とは という文字列をクリックしたところから始まりました。当然説明としては、「海外の脅威から国民を守るために国が行う対策です」くらいの説明があれば、予測と内容が一致して、読み手は落ち着くわけです。さらに国の対策をなぜ地方自治体のサイトで解説するのかという、もう少し丁寧な説明が必要です。ここで見られた「大事なことを言わないまま途中からリンクを貼って国のサイトに飛ばす」っていう方法、話がうまく繋がらないため、読み手はえらく疲弊します。そういう気持ち、わかってほしいんだけどなあ。

サイトをまたがない！

「国民保護」の例は、最初に定義がないためちょっとイライラし、最終的に他サイトに飛ばされてしまう段階でさらに大きいイライラが発生します。この他サイトに飛ばす指示は注意が必要です。話のストーリーに他サイトを組み込んでしまうと、前提情報が異なるため話はうまく繋がりません。もう一つ紹介しましょう。警察署においでいただきます。

私が引っ越したとき、運転免許の住所を書き換えようと思って自宅がある区の警察署サイトを検索しました。最寄りの免許書き換え場所だからです。知りたいことは2点だけ。

「何時から対応してくれるのか？」
「何を持って行けばいいのか？」

区の警察署サイトはフロントページにどどんと 各種届出のご案内 というバナーが出てきて、そこをクリックしました。次の画面には、さまざまな届出の一覧が紹介されており、その中から、免許関係はこちら という文字列をクリックしました。そうすると、区の警察署サイトから県警のウェブサイトに勝手に飛んでしまいました。ちょっと嫌な予感！　画面を下にスクロールさせていくと、運転免許証（国内）記載事項変更手続 という文字列が見つかりクリック。この時点で、もはや自分の知りたいことは出ないだろうなという気がしています。飛ばされたページで、記載事項変更手続について という文字列を見つけクリック。出てきたのは、運転免許センターの案内でした。つまり、最寄りではない免許書き換え場所に誘導されてしまったのです。そして画面トップにアカアカとでっかい文字で…

住所地を管轄する警察署でも手続ができます（代理人でも可）

「知ってるわ!!」思わず叫んでしまいました。ここで区の警察署サイトを検索して移動してみると、スタート地点に戻るという延々ループです。すごろくで言うところの「振り出しに戻る」っていうやつです。いや、ほんま勘弁してください。サイトをまたぐと本当に面倒なのです。

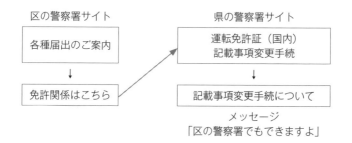

話はそれますが、昔留学生に「間違い」と「あやまり」はどう違うんだと聞かれて、広辞苑を引きました。「間違い」の意味には「間違うこと。あやまり。」と出てきます。これでは違いの説明にならないので、「あやまり」を引いてみるとトップに「まちがい。」と出てきてずっこけました。ループの思い出です（なお、類語辞典などを使えばいいという知恵が当時の私にはなかっただけで、広辞苑を批判するつもりは全くありません！）。

　話は戻ります。サイトをまたいでいいのは、一連の提示情報が完結して、追加で何かを伝えたいときです。例えば、当該自治体でのインフルエンザ発生状況を説明した後で、 全国の状況はこちらです というパターンで別サイトに飛ばすなら誰も文句は言いません。

サイトの階層を減らす：無駄なクリックは嫌

　某自治体の「届出・手続き」というカテゴリーをクリックしました。ずらっと選択肢が並んでいるところに、本人通知制度というものがありました。 本人通知制度 をクリックすると、 もうご登録いただいておりますか？ という文字列しか選択できないサイトに誘導されます。最終的には以下の文面に誘導されます。

> 　この制度は事前に登録された方に、本籍や国籍が記載された住民票の写しや戸籍謄本・抄本等を、代理人や第三者に交付した場合、その交付の事実を本人に通知するものです。
> 　本人に通知することにより、不正請求の早期発見、事実関係の早期究明が可能になるため、戸籍謄本等の不正取得による個人の人権侵害の防止を図るとともに、この制度の周知により、委任状の偽造や不必要な身元調査等の未然防止につな

がります。　　　　　（H市『もうご登録いただいておりますか？』）

「もうご登録いただいておりますか？」という振りに対してこの文面は合いません。本人通知制度から直接ここに来れば、呼応関係は成立します。つまり、ただ単に無駄なサイトをいったん経由してここに来るというだけのことです。この手の無駄な階層があるサイトは少なくありません。冒頭のESDのサイトもそうでしたが、何度も何度もクリックさせて、読者を深いところへ誘う形式は読者にとって親切とは言えません。

大事な情報から突然PDFに飛ぶサイトなんかもこれと同じパターンです。ワンクリック余計にかかるわけですから。しかもPDFファイルは私のような常に回線の弱い状況の人を全く想定していません。また、ポケットワイファイなんか使っている人には、非常に長い時間がかかるのです。さらには、世の中にPDFリーダーのソフトを入れていない人もいるなんてことわかっているのでしょうか。PDFリーダーのダウンロードサイトへとリンクを貼っている自治体もあるので、一応わかってはいるのでしょうが、わざわざソフトを入れてから読もうと思ったら、長い時間がかかります。

某自治体で、福祉 → 社会福祉 → 生活保護とは の順で進んでいくと、最終的にPDFファイルが置いてあるだけのページにたどりつきます。そこでPDFをクリックすると、なんと15ページものの巨編公用文が現れます。日本国憲法から生活保護法へと展開していく、大上段に構えた文章です。たまたまポケットワイファイで見ていた私は、フリーズを経てやっと開いたのですが、もううんざりです。最後にウェブサイトは聞いてきます。

「このページは役に立ちましたか？」

大真面目に答えさせていただきます。

「いろいろ勉強になりました」

提案は…

本章では、ウェブサイトから情報発信するうえでの注意点を論じてきました。

・クリックするラベルは、次のページと関連づけておく（「○○とは、」にはその定義をつけるなど）。
・一連の連続する情報の途中で、別運営のサイトに飛ばすことはしない。
・情報をあまり深い階層のところへは置かない。安易にPDFに誘導しない。

PDFはなんでもまずいと言っているわけではありません。PDFファイルだけをずらっと並べたようなサイトがたくさんありますが、短くていいので一言だけでもタイトルの下に、どんな内容が書いてあるのかという紹介文があると、開いてからガッカリする読者は減ると思います。ほんの一工夫で使いやすさがぐっと変わります。繰り返しますが、ネット環境が悪い人は東京のど真ん中でもたくさんおられます。

参考文献
石黒圭（2010）『「予測」で読解に強くなる！』ちくまプリマー新書

＊本章では私の勤務校（聖心女子大学）のネット環境の悪さを愚痴った箇所がありますが、それ以外において聖心女子大学に全く不満はありません。学生の利益、学生の成長を第一に考えるとてもいい大学です。誤解なさいませんように…

頭のストレッチ

以下の文字列をクリックするとしたら、次にどんな文章が来ることを予測しますか？　どういう順番で情報が提示されてほしいですか？　予測したうえで、実際にどこかのサイトをクリックしてみましょう。自分の予測通りでしょうか。

子育ての相談	災害時の避難所
チャドクガの対策	有料老人ホーム
住民税とは	鳥インフルエンザとは

コラム⑥　意味不明をありがたがっていませんか？

　本書では、日本の公用文はどこが難解なのかという視点で順に論じてきました。できるだけ細かい具体論に徹してきたのですが、最後のコラムは、ちょっと日本社会を鳥瞰するようなテーマで書かせていただきます。言葉の研究者として日本社会を見ていると、どうも難解さ、言い換えると意味不明なものを受け入れる素地がこの国にはあるのではないかなと思うことがあります。最後くらいはでっかい話をさせてください（結局私が書くと、そんなにでかくはならないんだけど…）。

エントリー１　薬や健康ドリンクのCM
　「ロキソニン、イブプロフェンが痛みを和らげます」「トラネキサム酸が効く」「タウリン1000 mg配合」なんてフレーズ、一度は耳にしているのではないでしょうか？　ここで改めて考えてほしいのは、これらの用語をちゃんと理解している人がどれくらいいるのかということです。斎藤美奈子氏は、「「体にいい」とは食品名と耳慣れない物質がセットになった状態をいう」（『趣味は読書。』）と皮肉っていますが、まさに私たちは耳慣れない物質名があるだけでありがたがっているのかもしれません。こういった難解用語に対する畏敬の念が日本社会にあるのは間違いありません。じゃなきゃ、「わけわからんこと言うな」ってクレームが出まくって、この手のCMは自然に消えていくはずです。一応断っておきますが、「タウリン1000 mg」って、「1 g」のことですからね。

エントリー２　お経
　私は実家がお寺だったこともあり、幼少期から宗教儀式に接しながら育ちました。般若心経を覚えてみようとか、お釈迦様の教えを理解

しようなんていう立派な子どもではなかったのですが、それなりに儀式に対する興味がありました（般若心経の意味だけは、かろうじて理解しています）。気になっていたことに「法事などの行事は、なぜ意味不明なお経を長時間聞くというスタイルになったのか？」というのがあります（他にも、参加者が正座なのにお坊さんが隠し座椅子に座っていることとか、戒名に使用される文字によってお布施額が変化することも不思議でしたね～）。宗教儀式が意味不明になるのはよくあることで、インドネシア人ムスリムがアラビア語の儀式に出たり、イギリス人がラテン語で儀式を聞いたりしています。ただ、日本のお経はさらに複雑です。サンスクリット語のお経を中国で意訳し（固有名詞や特殊概念は漢字をあてた音訳）、それを日本人が音読みしているのです。つまり、音声言語として理解できる人間は過去にも現在にも誰もいないわけです。実は、こういった現状に疑問を持っている人もいて、現代語でお経を読んでいるお坊さんもいらっしゃいます（戸次2010）。そういう方がいらっしゃるとしても、多くのお葬式で読まれるお経は参加者にとって全く理解できない音の連鎖です。皆さんはそういう時間を有難がっているのではないでしょうか。

エントリー3　歌の歌詞

　日本人歌手が英語で歌うことは日常茶飯事になりました。Oh yeah、OK baby や I love you といったワンフレーズぶっこみ型だけではなく、最初から最後まで完全英語なんて曲も珍しくありません。当然ながら日本の市場で売るんだから（まれに世界市場を狙っている人もいるとは思いますが…）、日本人が聞き取れないという大きなハンデを背負うことになります。リスナーは口ずさめないのですから。スウェーデン人のように英語に近い言語を母語とする人が英語の曲を歌うのとはかなり違うと思います。日本社会はいつも寛大だなあと思います。耳では伝わらないとわかっていながら、商業生産を許可する

人がいるってことですからね。
　そんな中2000年代に現れたB-DASHは衝撃でした。歌詞が全く意味不明なのです。しかも『ちょ』『SECTOR』とオリコン10位以内に入るヒットシングルを連発したのです。なんとなく英語っぽく聞こえる音連鎖を使っているんですが、意味はありません（メロディラインはすばらしい！）。商業的に成功するということは、やはり社会がそういう音楽のあり方を認めている一面があるのでしょう。

　ここまで見てきた3つの例ですが、共通していることは意味不明の言語コミュニケーションを高評価（もしくはあまり気にしない）しているというところじゃないでしょうか。だから、公用文も難解になるんだ！などと短絡的に結論を出すつもりはないのですが、社会に蔓延する変なコミュニケーションに気づくことは大事な能力です（リテラシーと言いたいところをぐっと我慢して…）。
　一方で、わかりやすさを求める人は増えています。社会が細分化・専門化していくことにより全体が複雑化し、かえってわかりやすさを求める人が増えるという指摘はすでに紹介しました（コラム②参照）。最近は難しい話や出来事をわかりやすく解説する番組が高視聴率を取っていますし、現代語でお経を読むお坊さんが現れたこともその一例でしょう。池上彰氏は、朝日新聞（経済記事）について、「読者にわかりやすくしようと努力が払われている形跡」が見られることが多くなったと指摘しています（朝日2011年12月23日朝刊）。時代の流れをしっかり把握しましょう。

参考文献
斎藤美奈子（2007）『趣味は読書。』ちくま文庫
戸次公正（2010）『意味不明でありがたいのか　お経は日本語で』祥伝社新書

第12章　整理整頓不全
見せ方を考えて

情報の提示順を考える：相手にとっての優先順位は？

　この第12章で扱う話は、第11章同様公用文に限ったことではなく、情報提示に関する一般原則です。もちろん公用文にもよくあてはまることですが、プレゼン技術とでも言うべき見せ方の問題を考えていきたいと思います。いきなり例からいきましょう。某自治体のサイトで、相談 → 人権相談 → 人権相談の案内 とクリックすると、以下の画面が出てきます。

相談時間　いずれも午後1時から午後3時

平成27年度　人権なんでも相談日程表	
月日	場所
○月○日	○○相談室
○月○日	○○相談室
○月○日	○○相談室
(中略)	
○月○日	○○相談室

(このパターンが24行続く：筆者注)

※相談は、H市民を対象とさせていただきます。
※相談は、上記場所・時間帯だけでなく、O地方法務局H支局（…）および人権擁護委員宅でも常時受け付けています。相談は無料で、秘密は守られます。お気軽に人権擁護委員に相談してください。　　　　　（H市『人権相談の案内』）

人権相談をクリックした時点で、私はどんな相談にのってくれるのかなと予測（第11章参照）しながら次のページを待ちました。現れたページには「人権なんでも相談」などと出てきました。どんな相談が対象なのか知りたい人に対して、「なんでも」と言われても困るのではないでしょうか。

妻「今晩のごはん、何がいい？」
夫「なんでもいいよ」
妻「和洋中で言うとどれ？」
夫「なんでも」

　このパターンは、夫婦げんかの原因ですからね。相談する人にとっては、自分の相談内容が取り合ってもらえるかどうか心配のはずです。「その相談は窓口が違います」って言われると不快ですもんね。しかも常設相談所があること、無料であることといった重要情報には、スクロールしていかないとたどりつけません。「○○相談室」という項目が24行続きますから、相当下へスクロールしていかないと、常設場所や無料情報にたどりつけません。こういったものは、少し並べ方や見せ方を変えるだけでイメージが変わるのではないでしょうか。

人権相談の案内
＊相談は無料です（秘密は守ります）
よくある相談：離婚・養子・相続など家庭内のトラブル、近所とのトラブル、外国人や部落を理由とした差別、虐待や暴力、学校での体罰やいじめ
常設相談所：○○地方法務局H支局　（○○町＝JR○○駅西口からすぐ）

> 移動式相談会（平成27年度）：
>   いずれも午後1時から午後3時
>   ○月○日　○○相談室　　　（以下、24行続く）

ここで見た例は、並べ方・見せ方の問題でした。どういう順番で情報を提示したらいいのか、少し考えるだけでずいぶんわかりやすくなるはずです。

カテゴリーのまとめ方を考える

次に考えたいのは、まとめ方です。たまたま人権ものが続きますが、以下のように窓口がずらっと並ぶタイプの公用文はたくさんあります。これらの提示方法には、まだまだ改善の余地があるものもあります。

> ### 困ったときのホットライン（悩み・人権相談）
> ひとりで悩まないで、なんでも気軽に相談してみましょう。
> 　さまざまな悩みについて、適切なアドバイス、カウンセリングを行い、問題の解決、自己実現を図るため、応援します！
>
> 悩み・人権相談
> **H市男女共同参画センター**
> 　**××相談室**
> 　　電話　×××××
> 　　総合相談
> 　　　毎週水・木・金曜日／午後1時0分から午後4時0分

専門相談（総合相談で受付）
　こころの悩み相談（臨床心理士）　月1回
※祝日・（火曜日と重なるときはその翌日）、
　年末年始（12月29日から1月3日）を除く

××県立男女共同参画センター（××）
男女共同参画相談室
　電話　×××××
　総合相談（電話・面接）
　　毎週火・水・金・土曜日・日曜日／午前9時0分から12時0分、午後1時0分から5時0分
　　毎週木曜日／午前9時0分から12時0分、午後5時0分から8時30分
　専門相談（要予約・面接）
　　家族問題カウンセリング　第1土曜日　午後1時0分から5時0分
　　法律相談　第3水曜日　午後1時0分から午後5時0分
　　DV相談　第3金曜日　午後1時0分から午後5時0分
※祝日の翌日・年末年始を除く

××県子ども家庭相談センター（女性の相談員）
悩みごと相談（夫等からの暴力・女性をめぐる家庭の問題）
　電話　×××××（代表）
　　月曜日から金曜日／午前8時30分から午後5時15分
※祝日・年末年始を除く

中央子ども家庭相談センター
　電話　×××××（女性電話相談）
　　月曜日から金曜日／午前8時30分から午後5時15分

※祝日・年末年始を除く

H子ども家庭相談センター

電話　×××××

月曜日から金曜日／午前8時30分から午後5時15分

（電話・随時、面談・予約）

※祝日・年末年始を除く

法務局（××地方法務局）

女性の人権ホットライン（ストーカー、夫等からの暴力、セクシュアル・ハラスメント）

電話　×××××

月曜日から金曜日／午前8時30分から午後5時0分

相談員　人権擁護委員・法務局職員

※祝日・年末年始を除く

人権相談（H支局）

電話　×××××

月曜日から金曜日　職員による相談／午前8時30分から午後5時0分

火・水・木曜日　人権擁護委員による相談／午前9時30分から午前4時30分

※祝日・年末年始を除く

××県警察本部

犯罪被害者サポートテレホン

電話　×××××

月曜日から金曜日／午前10時0分から午後4時0分

※祝日・年末年始を除く

その他

××犯罪被害者支援センター（こころの支援）

　電話　×××××

　　月曜日から金曜日／午前10時0分から午後4時0分
　　電話・面接（予約）
　※祝日・年末年始を除く

××労働局雇用均等室（職場のセクシュアル・ハラスメント・雇用機会均等、育児介護休業等に関する相談）

　電話　×××××

　　月曜日から金曜日／午前8時30分から午後5時0分
　※祝日・年末年始を除く

就労相談（内職・Uターン希望者の就労に関する相談）

　電話　×××××

　　毎週水曜日、第2・第4木曜日／午前9時0分から12時0分、午後1時0分から4時0分
　　××相談室
　※祝日・年末年始を除く

職業相談（パートタイマーの相談・紹介等）

　電話　×××××

　　月曜日から金曜日、来所／午前8時30分から午後5時0分
　　・・・・
　※祝日・年末年始を除く

市民相談窓口案内はＨ市まちづくり推進室

電話　×××××（直通）

電話　×××××（内線××）

　　　　（Ｈ市『困ったときのホットライン（悩み・人権相談）』）

このタイプ、実は日本中にたくさんあります。上記例は突っ込みどころ満載なので、全体を例示してみました。じっくり眺めてみてください。全体構造をつかむため、わかりやすく図式化してみましょう。

困ったときのホットライン（悩み・人権相談）

大カテゴリー	中カテゴリー	小カテゴリー
悩み・人権相談	H市男女共同参画センター	××相談室
	××県立男女共同参画センター	男女共同参画相談室
	××県子ども家庭相談センター（女性の相談員）	悩みごと相談（暴力・家庭の問題） 中央子ども家庭相談センター H子ども家庭相談センター
	法務局（××地方法務局）	女性の人権ホットライン 人権相談（H支局）
	××県警察本部	犯罪被害者サポートテレホン
	その他	××犯罪被害者支援センター ××労働局雇用均等室 就労相談 職業相談

市民相談窓口案内はH市まちづくり推進室

そもそも大カテゴリーが「悩み・人権相談」と「市民相談窓口案内はH市まちづくり推進室」の2分類なんですが、「その分け方何なの？」っていうことです。「悩み・人権相談」と「推進室」では概念が違いすぎて、全く排他的に分類できません（おそらく何かのミスだと思います）。「悩み・人権相談」の大カテゴリーには、犯罪被害者から家庭内相談、就労相談まで入っており（就労だって立派な悩みだろ！と言われたらその通りなのですが犯罪被害やDVとは質が違います）、それぞれの整理がめちゃくちゃなのです。「その他」っていう中カテゴリーは中身が多彩で、他の中カテゴリーの内容とたくさん重なるのも気になります。

分類というのは、全体を見渡して、互いを排他的なカテゴリーに分けることが原則です。人間というカテゴリーを想定するなら「男・女」に分けることなどは排他的です。もちろんこれでも、マツコはどうすんだ？とか、カバちゃんは分類が難しいとか、細かい問題が出てきますが、大枠の分類はできます。一方、人間を「カレー好き・ラーメン好き」に分けたらどうでしょう。カレーもラーメンも好きっていう人、どっちも嫌いっていう人が相当いるので、全くカテゴリーにはできません（どっちも好きな人が圧倒的に多いだろうなあ）。

上の例で最大の問題は中カテゴリーです。市がやっているか県なのか、**警察**なのかという行政機関別に掲載しているのです。結果として同じ種類の相談窓口がいろんなところに出てきます。これぞ世間が一般に言うところの「ザ・縦割り」を絵に描いたものです。よくよく考えてください、読者（この場合は相談者）にとって、運営主体が市なのか県なのかはどうでもいいことです。相談内容別にカテゴリーを作る、相談場所の地域ごとにカテゴリーを作る、こういった配慮が必要でしょう。上の内容を大枠で分けるなら、中カテ

ゴリーは不要です。そのうえで、家庭内の相談、犯罪被害者の相談、就労・職業関連相談という3つの柱（ホットラインは別）にしてはどうでしょうか。

図や表、イラストをうまく利用する

　公用文は基本的に文字情報ですが、図や表、イラストを上手に使ったらいいのになあと思うことがあります。以下の例は熱中症への注意喚起ですが、65歳以上が危険であること、自宅でも危険が及ぶこと、7月から8月がピークであること、これらはすべてグラフにしたほうがはっきりとわかります。

熱中症対策していますか？

　消防庁の統計によると、昨年の5月31日から9月12日までの期間中に熱中症で医療機関に搬送された人は、全国で5,486人、このうち約半数は65歳以上の高齢者でした。医療機関へ搬送時に重症であった人は、1,824人で、搬送直後に死亡が確認されたのは170人でした。

　M市を管轄しているM消防事務組合の統計によると、M管内で昨年の救急車出動件数1,985件中、熱中症は21件（21人）、このうち、労働作業中だった方3人、運動競技中だった方4人、自宅や外出先で倒れた方が14人でした。重症者は一人もなく、短期間の入院となった方が14人、軽症だった方は7人でした。

　熱中症の発生は、例年7月から8月がピークになり、最高気温が35度を超える猛暑日が続くことにより、起こりやすくなります。熱中症を正しく理解し、予防につとめましょう。

（M市『熱中症対策』）

7月から8月がピークであることを図で表してみると、こんな感じになります。いかがでしょうか。文字よりも伝わるのではないでしょうか。

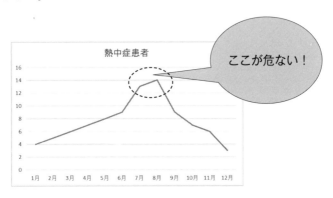

次は別の例です。各課の業務時間を説明している文章です。

●**通常の業務時間**
午前8時30分から午後5時15分まで
　※ただし、土曜日、日曜日、休日および年末年始（12月29日から翌1月3日まで）は休みです。（施設により業務時間および休みが異なる場合があります。）
●**窓口業務延長日**
　市民課・保険年金課・保険料課・税務課・納税課では、毎週木曜日に限り業務時間を午後7時まで延長しています。どうぞご利用ください。
業務を延長する日・時間
　毎週木曜日（祝日は除く）午後7時まで
（H市『業務時間の案内』）

文章でこまごまと書いていますが、この手の業務時間提示は、表にできます。同じ情報で、私が表にしたものを下に提示します。比べてみると印象はどう変わりますか。

	業務時間（平日）	休み
市民課・保険年金課・保険料課・税務課・納税課	8時30分-17時15分（木曜日は19時まで延長）	土・日曜日、休日、年末年始（12月29日-1月3日）
その他の課	8時30分-17時15分	

実は表の利用は、私が言うまでもなく多くの自治体ですでに実践されています。上手な表もたくさん見かけますが、もうちょっと練ったほうがいいんじゃない？っていうのもあります。この例なんてどうでしょうか。

高額な外来診療受診者	事前の手続き
・70歳未満の方 ・70歳以上の市民税非課税世帯の方	Y市役所1階7番国保医療窓口に、国民健康保険証、高齢受給者証（70〜75歳未満の方）をお持ちになり事前に交付を申請してください。
70歳以上75歳未満で、市民税非課税世帯でない方	申請の必要ありません

（Y市『高額な外来診療を受ける皆さまへ』）

私なら次のような表にします。まだ工夫の余地はありますが、少しわかりやすくなったのではないでしょうか（もともと書いてある情報だけで作り変えたため、情報不足の点はご容赦ください）。

高額な外来診療受診者の年齢と手続き

年齢	事前申請	持ってくるもの
70歳未満の方	必要	国民健康保険証
70歳以上75歳未満 (市民税**非課税**世帯)	必要	国民健康保険証、高齢受給者証
70歳以上75歳未満 (市民税**課税**世帯)	不要	
75歳以上 (市民税非課税世帯)	必要	国民健康保険証

＊場所はすべて市役所1階7番国保医療窓口です

　最後は、イラストをつけてもいいんじゃないかな、という例を紹介します。印鑑登録に関するお知らせです。

登録できない印鑑

　次の印鑑は登録できません。
1．住民基本台帳に記載されている氏名以外を表しているもの
2．ゴム印など変形しやすい材質のものや、指輪のもの
3．印影が不鮮明なものや文字が判読できないもの
4．印影の大きさが1辺の長さ8ミリメートルの正方形に収まるものや1辺の長さ25ミリメートルの正方形に収まらないもの
5．印鑑の一部が欠けているもの
6．印章が逆に刻印されたものなど
　※外国人住民の登録できる印鑑については、<u>外国人住民の方の登録できる印鑑</u>をご参照ください。　　（M市『印鑑登録』）

第 12 章　整理整頓不全　　169

こういった情報は、イラストの提示でわかりやすくなります。

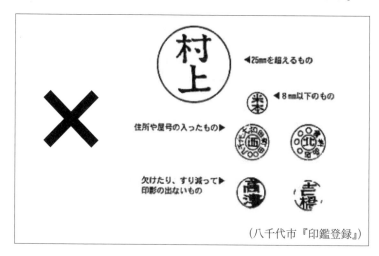

(八千代市『印鑑登録』)

ここで少し注意が必要なのは、イラストをなんでもかんでも加えればいいというわけではないということです。甲田直美氏が紹介されている実験では、読者が理解に苦しむだろうというポイントをイラストで示しているようなものが理解を助ける一方、文章の登場事物を表しているだけでは理解を助けないことがわかっています(『文章を理解するとは』)。上の例で言うと、印鑑のイラストだけでは理解は進みません。八千代市の例のように、具体的な禁止事項をイラストで表してこそ、読者には伝わるのです。上記のように×マークをつけてもいいかもしれません (筆者の追加)。

提案は…

ここで見てきたのはすべて、情報の見せ方に関するものです。最初は情報の並べ方、まとめ方について紹介しました。**読者にとって**

重要な情報は最初に持ってくる、読者にとって関心のある方法でカテゴリーに分類する、こういった点に注意していればずいぶん公用文は変わると思います。後半は、**図・表・イラストの利用**を提案しました。公用文というと硬い文章をイメージしますが、わかりやすさを優先するなら、文字情報にこだわる必要性は全くありません。

認知心理学で「わかる」という事象は、気持ちよくわかる場合とイライラしてわかる場合に分けて考えます。情報が上手に整理されていれば気持ちよくわかりますし、情報の提示が組織化されていなかったりするとイライラします。気持ちよくわかった内容は、記憶に残りやすくまた記憶から引き出されやすいことがわかっています（海保 1988）。どうせ伝えようとするなら読者に気持ちよくわかってもらいましょう。

本章で述べた話は、書き手の中で書く内容がきちんと整理されていることを大前提としています。職員の皆さまはお忙しいとは思いますが、まずは書こうとしている内容をしっかり理解するところから始めましょう。見せ方は最後の詰めだと考えてください。ほんの少しの工夫でずいぶん変わりますから、最後まで気を抜かずに書きましょう。

参考文献

海保博之（1988）『こうすればわかりやすい表現になる　認知表現学への招待』福村出版

甲田直美（2009）『文章を理解するとは　認知のしくみから読解教育への応用まで』スリーエーネットワーク

頭のストレッチ

① 『困ったときのホットライン（悩み・人権相談）』（159ページ）を各窓口が担当する相談内容ごとにグループ分けしてみましょう。

② 以下の文書を読んで、わかりにくいところを検討しましょう。（ここに書いていない数値もすべて手元にあると想定して）どんなグラフを使うのが適切か考えましょう。

風しんに注意しましょう！

　平成24年から平成25年にかけて、全国的に風しんの流行があり、先天性風しん症候群の報告数が増加しました。O市では平成24年に5件、平成25年1～3月に8件、風しん患者の届出がありました。予防接種歴のない20～40歳代の男性が半数以上を占めています。20～50代の男性の風しんウィルスへの免疫がある割合は、他の年代よりも低く、5人に1人は風しんウィルスに対して感染を受ける可能性がある状況です。　　　　　　（O市『感染症発生動向調査』）

おわりに

　本書では、全国各地の公用文から悪い例を中心に取り上げて分析し、わかりやすい伝え方を論じる形で進めてきました。製作者の方には大変失礼な物言いをしている場面もあり、改めてここでお詫び申し上げます。全国の自治体には、わかりやすい公用文を広めようと努力している職員さんがすでにたくさんおられることを私は知っております。そういった方の努力に援護射撃をするのが本書の目的であり、悪文たたきを全国に広めようとしているわけではありません。2008年から2016年2月までに収集した例文を基礎資料として用いておりますが、本書に取り上げた例のいくつかは、2016年3月末の時点でウェブ上から消えております。職員さんたちの努力の賜物です。一方、ほとんどの例はまだ残っていることからも、放っておけば勝手に自浄作用で消えていくものだとも思えません。本書が、軽い読み物として自分の文章を振り返っていただくきっかけになることを願っています。

　私は日本語の乱れ（言語変化）とか若者の物言いには全く寛大なのですが、わかりやすさという点においては非常に敏感です（この本を書くまではあまり自覚がなかったんだけど…）。江國滋氏の言葉を借りるなら「ことばの花粉症」（『日本語八ツ当り』）です。過敏な私が書く文章に、「まあまあ、そんなに力まなくとも…」となだめてくださったのが大修館の辻村厚氏です。本書が少しでもバランスの取れているものになっているなら辻村様のおかげに他なりません。大変感謝しております。なお、当然ですが、バランスが悪いと

ころは全部私のせいです（こういうフレーズは紋切り型だから本書の方針上書きたくはないんだけど、書かなければ書かないでまた感じが悪いんですよね〜）。

　本書で何回か紹介した斎藤美奈子氏はベストセラーを分析しながら、「大人の本は「中学生向け」につくるとちょうどいい」と指摘しておられます（『趣味は読書。』）。『五体不満足』『少年H』など多くのベストセラーは漢字にルビが振ってありますが、中学生以下だけが読んで300万部を越えるなんてありえないわけですから大人もたくさん読んでいるのです。斎藤氏ご自身が実用書の編集をしていたときも、読者設定を中学二年生にしていたとのことです。つまり、我々は想定読者よりもさらに下の層を対象として書いたほうが、広く読んでもらえるということだと思います。心に留めておいていただけたらと思います。

　本書は、科学研究費助成金をいただいた基盤研究（A）の成果として執筆しました。研究テーマは「やさしい日本語を用いた言語的少数者に対する言語保障の枠組み策定のための総合的研究」（平成25-28年度：代表　庵功雄）です。

　　　　　　　　　　　　　2016年4月15日　　岩田一成

[著者紹介]

岩田一成（いわた　かずなり）
1974年滋賀県彦根市生まれ。大阪大学言語文化研究科博士後期課程修了。国際交流基金日本語国際センター、広島市立大学国際学部を経て、現在、聖心女子大学准教授。著書に『日本語数量詞の諸相―数量詞は数を表すコトバか』（くろしお出版）、共著書に『「やさしい日本語」は何を目指すか―多文化共生社会を実現するために』（ココ出版）、『日本語教育学の歩み方―初学者のための研究ガイド』（大阪大学出版会）などがある。自治体で公用文執筆の手伝いをし、また職員向けの「やさしい日本語」講座を開催している。

読み手に伝わる公用文――〈やさしい日本語〉の視点から
© IWATA Kazunari, 2016　　　　　　NDC317 ／ viii, 174p ／ 19cm

初版第1刷――2016年8月10日

著者	岩田一成
発行者	鈴木一行
発行所	株式会社　大修館書店

〒113-8541 東京都文京区湯島2-1-1
電話 03-3868-2651（販売部）　03-3868-2293（編集部）
振替 00190-7-40504
［出版情報］http://www.taishukan.co.jp

装丁者	下川雅敏
イラスト	アフロ
印刷所	倉敷印刷
製本所	牧製本

ISBN978-4-469-21358-4　Printed in Japan
Ⓡ本書のコピー，スキャン，デジタル化等の無断複製は著作権法上での例外を除き禁じられています。本書を代行業者等の第三者に依頼してスキャンやデジタル化することは，たとえ個人や家庭内での利用であっても著作権法上認められておりません。

パワー・ライティング入門
説得力のある文章を書く技術

入部明子 著

パワー・ライティングは4つのパワーの組み合わせで、説得力のある文章が書けるようになるアメリカ型の文章作成術。さまざまなニーズに対応できるその方法を実例でわかりやすく解説する。

A5判・144頁　本体1800円

大学生・社会人のための言語技術トレーニング

三森ゆりか 著

欧米の母語教育では必須の「言語技術」。そのアプローチを日本語に応用した、これまでにないことばのトレーニング。対話・描写からエッセイまで、面接・プレゼンやレポート・論文作成に役立つ、論理的なことばの使い方が身につく。

A5判・264頁　本体2200円

文章のレッスン

前田巍 著

書き手の主張を明快に伝え、読み手を目的に応じて説得できる論文・レポート、広告文などをどう書けばよいか。発想の芽を見つけ、様々なアイデアにつながりをつけ、言葉を吟味し、全体の構成を組み立てる方法を勘所を押さえて伝授する。

四六判・344頁　本体2000円

文章の勉強
フレッシュマンの日本語技法

前田巍 著

的確で過不足のない表現、目的に応じたわかりやすい文章はどうすれば書けるか。学問・ビジネスの基盤になる表現技法を元広告マンが指南する。

四六判・290頁　本体1800円

大修館書店　　　　　　　　　　　　　　　　（2016年6月現在）